DOLORÈS

DRAME

Représenté pour la première fois à Paris, sur le Théâtre-Français, par les comédiens ordinaires de l'Empereur, le 22 septembre 1862.

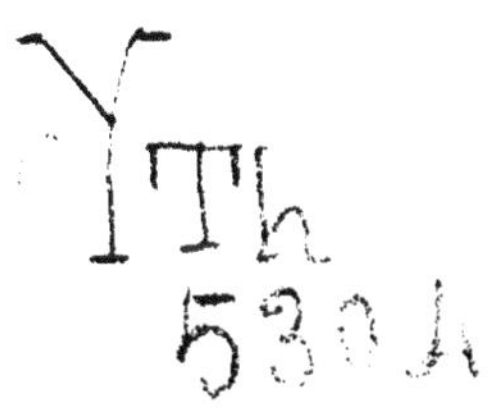

LIBRAIRIE DE MICHEL LÉVY FRÈRES

DU MÊME AUTEUR

Format grand in-18

POÉSIES, FESTONS ET ASTRAGALES...... .... 1 vol.

MELÆNIS, conte romain .... 1 vol.

—

MADAME DE MONTARCY, drame en cinq actes en vers.

Paris. Impr. de PILLET FILS AÎNÉ, rue des Grands-Augustins, 5.

DOLORÈS

DRAME

EN QUATRE ACTES EN VERS

PAR

LOUIS BOUILHET

PARIS

MICHEL LÉVY FRÈRES, LIBRAIRES ÉDITEURS

RUE VIVIENNE, 2 BIS ET BOULEVARD DES ITALIENS, 15

A LA LIBRAIRIE NOUVELLE

1862

A MON AMI

LE COMTE CHARLES D'OSMOY

PERSONNAGES :

LE ROI....................................	MM.	CHÉRY.
DON FERNAND, officier aux gardes de la reine.		GUICHARD.
DON PÈDRE DE TORRÈS, père de Fernand...		MAUBANT.
DON LOUIS, marquis D'AVILA...............		GARRAUD.
DON CÉLIO, officier aux gardes de la reine....		WORMS.
DON MANRIQUE, officier aux gardes de la reine.		ARISTE.
LE COMTE DE ROXAS.....................		VERDELLET.
UN SEIGNEUR............................		CHATELAIN.
DOÑA DOLORÈS...........................	Mlles	FAVART.
DOÑA LAURA, comtesse de Roxas...........		DEVOYOD.
DOÑA ROSAURA, marquise del Campo.......		JOUASSAIN.
DOÑA LÉONOR...........................		COBLENTZ.
DOÑA BÉATRIX...........................		TORDEUS.
UN DOMESTIQUE..........................	M.	MASQUILLIER.

Dames, Cavaliers, Gardes, Pages, Musiciens.

La scène est à Tolède.

DOLORÈS

ACTE PREMIER

Une fête chez doña Rosaura, marquise del Campo, à Tolède. — Jardin illuminé. — Un banc circulaire à droite et à gauche.

SCÈNE PREMIÈRE

FERNAND, CÉLIO.

CÉLIO, entraînant Fernand sur le devant de la scène.

Vive Dieu...! touche là...!

(Il lui serre la main.)

C'est à perdre la tête!...
Don Fernand!... dans Tolède!... au milieu d'une fête!...
Lui qu'on n'a jamais vu qu'à l'ombre d'un drapeau...
Chez doña Rosaura, marquise del Campo!...
Comment?... par quel hasard?...

(Regardant sa grande épée.)

Avec cette flamberge!...

FERNAND, souriant.

Manrique, au débotter, m'a surpris dans l'auberge,
Et m'a, tant bien que mal, emporté jusqu'ici,
Disant qu'on y trouvait Tolède en raccourci,
Et que chez la marquise, où le monde s'assemble,
Je pourrais voir, d'un coup, tous mes amis ensemble...

CÉLIO.

Vive Dieu! don Manrique a parlé sagement!

FERNAND, lui prenant la main.

Ce brave Célio !

CÉLIO.

Mais... quel événement ?...

FERNAND.

C'est que j'entre avec vous aux gardes de la reine.

CÉLIO, avec joie.

Enfin !... voilà six mois que la nouvelle traîne ;
Ne voyant rien venir, j'en doutais, pour ma part.

FERNAND.

Mille choses, tu sais, nous prennent au départ.
Ceci, cela...

CÉLIO.

J'entends — et puis, quelque amourette?...

FERNAND.

Amourette?... Bon Dieu ! comme l'on interprète !

CÉLIO, vivement.

Alors, c'est que tu viens pour en chercher ici !

FERNAND, avec une gravité comique.

Amourette ! non pas ! nous épousons...

CÉLIO.

Merci !

(Le contemplant.)

Au débotter toujours?

FERNAND, souriant.

Le temps de prendre haleine !

CÉLIO.

Quelqu'une des beautés dont notre ville est pleine?

FERNAND.

Une enfant de village, inconnue à la cour,
Un amour de cinq ans...

CÉLIO, à part.

C'est vieux pour un amour !

(Haut.)

Belle?...

FERNAND, riant.

Un ange échappé

CÉLIO.

Noble?...

FERNAND.

De vieille roche...
Plus d'aïeux au tombeau que de doublons en poche!

CÉLIO.

Et moi, depuis cinq ans je l'ignorais encor!...

FERNAND.

Personne ne l'a su, — ni son père d'abord,
Ni le mien, — nous causions, la nuit, sous sa fenêtre:
J'avais vingt ans à peine, — elle quinze, peut-être...
Innocence! amour pur! voilà tout. — Pour la voir
(Ce n'est pas loin d'ici), je m'échappais le soir!...
Puis, ce fut le départ — la vie au camp — la guerre —
Tu sais?... dans ce tumulte, on ne se souvient guère...
A Tolède, aujourd'hui, mon cœur s'est rappelé, —
Car les murs de la ville, en entrant, m'ont parlé,
Et le bruit de mes pas évoquait, par les rues,
Comme une vision des choses disparues!...

CÉLIO.

Bref, tu reviens fidèle à ton premier serment!...

FERNAND.

Mais oui.

CÉLIO, avec une pose admirative.

C'est pastoral, et tout à fait charmant!
Tu vas nager bientôt dans ces vagues délices
Qui montent des vallons, au retour des Ulysses;
Les arbres du chemin, sous la brume endormis,
S'agiteront gaîment, comme de vieux amis,
Tandis que tes regards perçant l'ombre indécise,
Croiront la voir, de loin, près de sa porte assise!...

FERNAND.

Tu dis ces choses-là d'une telle façon
Que je me sens rougir...

CÉLIO.

De quoi?

FERNAND.

De la leçon !

CÉLIO.

Comment?

FERNAND.

J'ai bien perdu !

CÉLIO, l'examinant.

Toi?... quelle erreur profonde!

FERNAND, secouant la tête.

Ce n'est pas tout profit que de courir le monde,
La cape sur l'épaule et la plume au chapeau;
J'ai le cœur, aujourd'hui, bronzé comme la peau,
Si bien que je redoute, au moment où j'arrive,
Ce bonheur délicat, plein de grâce naïve,
Et n'ose plus toucher, avec mes doigts trop lourds,
L'aile de papillon des premières amours!...

CÉLIO.

Qui te force, après tout?...

FERNAND, souriant.

Mais, tu l'as dit toi-même,
Cette promesse...

CÉLIO, haussant les épaules.

Bon!... c'est pousser à l'extrême
Un simple jeu d'enfant, où l'homme n'est pour rien !...
Te sait-elle arrivé?...

FERNAND.

Pas encore.

CÉLIO.

Très-bien!...
Cherche-moi, par la ville, un bonheur moins champêtre!...

FERNAND.

Où la chèvre est liée, on doit la laisser paître.

CÉLIO.

Pourquoi?... D'un jour à l'autre, un hasard peut venir.
Malgré ton cœur si calme, il faut te bien tenir;
Nous avons, par ici, des beautés...

FERNAND.

Que m'importe!

CÉLIO.

J'en ai connu beaucoup qui juraient de la sorte;
Mais les plus dédaigneux — tu le sauras un jour —
Sont les premiers qu'on touche à l'escrime d'amour!

FERNAND, riant.

Je n'ai pas peur!...

SCÈNE II

LES MÊMES, MANRIQUE, BEATRIX, QUELQUES INVITÉS. (Ils arrivent par la droite.) LÉONOR. (Elle vient par la gauche.)

BÉATRIX, à Manrique, montrant Léonor.

Tenez!... sans autre subterfuge,
C'est doña Léonor que nous prendrons pour juge!

LÉONOR, s'avançant gravement.

Nous acceptons: — plaidez!

CÉLIO, lui donnant un siége.

Un bon siége, avant tout.

LÉONOR.

Merci, don Célio, j'aurais dormi debout!
Expliquez-vous.

(Elle s'assied à droite.)

BÉATRIX.

Un homme était là dans la rue,
Qui, sous son grand chapeau, faisait le pied de grue,
La dague à la ceinture et la lame au fourreau :
Quelque Maure africain, croisé de Zingaro.

LÉONOR.

De ceux pour qui nos lois gardent trop d'indulgence!..

BÉATRIX.

Et comme, du balcon, je montrais cette engeance,
Disant, fort à propos, que Tolède est un lieu
De minuit jusqu'au jour abandonné de Dieu,
Don Manrique, emporté par sa galanterie,
A prétendu, sans rire... Attendez, je vous prie!...

MANRIQUE, l'interrompant.

A Tolède, du moins — voilà ce que je dis —
Les belles femmes font oublier les bandits!

BÉATRIX, vivement.

Les belles femmes, non — mais une belle femme!
Une seule!...

MANRIQUE.

Allons donc!

BÉATRIX, avec force.

Une seule!...

CÉLIO, se récriant.

Oh! madame!...

BÉATRIX, se tournant vers Léonor.

C'est le point débattu — tout est là — prononcez!...
(Montrant les cavaliers.)
Quel objet vont cherchant leurs regards empressés?
(Se tournant vers les cavaliers.)
Qu'attendez-vous, béants, au sortir de la messe?
Doña Laura toujours! doña Laura sans cesse!
Le soleil, aujourd'hui, dans ses yeux a passé.
Vous marchez à tâtons, quand son voile est baissé!
Son accueil vous grandit! son dédain vous écrase!
Son nom, comme un grelot, sonne dans chaque phrase!
Et vous jetez au vent des injures tout bas,
Quand il ose effacer l'empreinte de ses pas!...

LÉONOR, avec gravité.

La cause est entendue — et la cour se retire,
(Appuyant.)
« Une seule! »

MANRIQUE, réclamant avec galanterie.

Mais moi, j'en sais d'autres à dire!...

BÉATRIX.

Sans doute, on peut lutter — quand elle n'est pas là!

MANRIQUE.

Comment!

BÉATRIX, souriant.

J'ai trop d'esprit, pour me cacher cela,
Et vous n'attendez pas de moi cette folie
De nier l'étendard où chacun se rallie!...
(Baissant un peu la voix.)
Seulement, la nature, à ne vous point mentir,
Devant un tel chef-d'œuvre a dû se repentir,
Et, voulant parmi nous l'attacher à la terre,
De quelques bons défauts lesta son caractère!...
(On rit.)
De là, cet équilibre, admirable en effet,
Entre son corps superbe — et son esprit mal fait.
Une âme venimeuse à sa beauté s'enlace,
Ses yeux seraient trop doux — sans l'orgueil qui les glace,
Et Dieu qui veille encor sur notre humanité,
Au-devant de son charme a mis sa vanité!

CÉLIO, souriant.

Ah! doña Béatrix, la peinture est chargée!

BÉATRIX, se tournant vers Célio.

Qu'en savez-vous?... la ville est sous sa loi rangée;
Elle règne, aujourd'hui, sans contestation...
Posez une limite à son ambition,
Apportez — homme ou femme — un obstacle auprès d'elle,
Vous qui plaidez sa cause en chevalier fidèle,

Et vous verrez, demain, le monde renversé
Sous les convulsions de son orgueil blessé!

LÉONOR, avec ironie.

Pardon — mais, depuis peu, cet orgueil s'humanise!...

BÉATRIX.

Pour qui?...

LÉONOR, à voix basse.

Pour d'Avila, cousin de la marquise...
— On le prétend, du moins...

BÉATRIX, avec force.

Moi, je vous dis que non!
Il est mieux vu qu'un autre, à cause de son nom,
Voilà tout. — Rien n'émeut cette froide statue
Qui traverse l'amour, d'amiante vêtue,
Et se laisse adorer, sans remuer les yeux,
Dans l'immobilité qui n'appartient qu'aux dieux!

CÉLIO.

Convenons, sans vouloir nuire à votre épigramme,
Que son plus grand défaut — c'est son mari, madame!

LÉONOR, riant.

Le comte de Roxas n'a qu'un tort, entre nous,
C'est d'être assez naïf pour s'en montrer jaloux!...

FERNAND, bas à Célio.

Viens-tu par les jardins?... ces coups de langue intimes
Vous font, sans qu'on y pense, adorer les victimes!

CÉLIO, encore préoccupé de la discussion.

Va, j'y cours après toi.

FERNAND, s'éloignant, comme fatigué de toutes ces médisances.

Quand tu voudras.

(Il sort par la droite.)

SCÈNE III

MANRIQUE, CÉLIO, BÉATRIX, LÉONOR, ROSAURA, DOLORÈS, DAMES et CAVALIERS.

LÉONOR, se retournant vers le fond.

Quel bruit!...

MANRIQUE.

C'est doña Rosaura que tout le monde suit...

BÉATRIX.

Mais... cette jeune femme à la noire mantille?...

ROSAURA. Elle tient par la main Dolorès. — Brouhaha autour d'elles.

Vous cherchez à comprendre?... Eh! mon Dieu!... c'est ma [fille!...

DOLORÈS, avec émotion.

Chère dame!

ROSAURA, la baisant au front.

Une enfant qui me tombe du ciel!...

(Bas, à Léonor.)

Une parente à moi — c'est providentiel,
Pour tirer mon cousin de sa passion folle!

LÉONOR, souriant.

Avec ces grands yeux-là, j'en donne ma parole!...

(Haut, montrant Dolorès.)

Vous permettez?

(Elle l'embrasse.)

ROSAURA, à Béatrix.

Madame, il nous faut votre aveu!...
Puisque c'est mon enfant, vous l'aimerez un peu?...

BÉATRIX, se précipitant.

Comment donc!...

(Saisissant la main de Dolorès.)

Ravissante!

(A Rosaura.)

On n'est pas plus jolie,
Tant la pudeur timide à son charme s'allie!...

(Elle reste, avec les cavaliers, autour de Dolorès.)

ROSAURA, entraînant, à part, Léonor.

Eh bien, que dites-vous de cet arrangement?

LÉONOR.

L'idée en est heureuse...

(Regardant de loin Dolorès.)

Et le moyen charmant!

ROSAURA, souriant.

C'est un petit complot conduit à ma manière!...

(Regardant Dolorès.)

Je l'adopte et, de plus, la fais mon héritière,
Afin qu'en cette lutte, où mon gant est jeté,
Sa fortune, en entrant, réponde à sa beauté.
Puis, profitant du droit que ma noblesse entraîne,
Je veux la présenter, dès demain, chez la reine...
L'autre y va — c'est fort bien — nous y serons aussi!...

(Montrant le groupe des invités autour de Dolorès.)

Mais voyez donc un peu son premier soir ici!
Quel succès tout d'abord! quel bruit! comme on s'assemble!

(Avec ironie.)

La comtesse Laura peut venir, ce me semble!...

LÉONOR.

Voilà de quoi, vraiment, alarmer son pouvoir!

ROSAURA, se récriant.

Alarmer!... qu'est-ce à dire? Oh! vous allez mieux voir!
J'entends l'humilier dans l'orgueil de son âme!
Vous en doutez? pourquoi? Qu'est, au fond, cette femme?
Un caprice! une mode! un engoûment sans nom!
Ces idoles du monde ont cela de très-bon
Qu'on peut les voir — malgré leurs attitudes fières —
Sous le premier dédain s'écrouler tout entières!...
Je lui promets d'avance un avenir pareil!

CÉLIO, quittant le groupe qui entoure Dolorès.

Ma foi, sauve qui peut! c'est un second soleil!

ROSAURA, bas, avec finesse.

Et celui-là du moins, sans les taches de l'autre!

SCÈNE IV

LES PRÉCÉDENTS, LE MARQUIS D'AVILA, puis UN DOMESTIQUE.

ROSAURA, courant à Dolorès et lui montrant d'Avila qui entre par la droite.

D'Avila, mon cousin — par conséquent, le nôtre.

UN SEIGNEUR, donnant le bras à d'Avila.

Ces éclats! cette foule! un tel empressement!

D'AVILA.

Doña Laura, sans doute, arrive en ce moment...
J'en veux finir ce soir — c'est à tort qu'on recule;
Mon rôle, à côté d'elle, est assez ridicule,
Et je crois qu'il est temps qu'un marquis d'Avila
Sache à quoi s'en tenir sur cette vertu-là!...

LE SEIGNEUR.

Abordez-la, du moins.

D'AVILA, s'inclinant devant Rosaura.

Marquise!...

(A part, cherchant Laura.)

Où donc est-elle?...

ROSAURA, à d'Avila.

Avancez, beau cousin.

(Démasquant Dolorès qui était derrière elle.)

Votre parent, ma belle!

(Bas, à d'Avila, qui salue, tout étonné.)

Vous cherchez la comtesse? — Elle manque ce soir.
Nous l'attendons, pourtant, et vous allez la voir!...

(Elle sourit avec finesse.)

D'AVILA, regardant de coin Dolorès.

Pardon, mais...

ROSAURA.

Qu'avez-vous?... son retard vous tourmente?

D'AVILA, regardant toujours Dolorès.

Ce visage inconnu dont la douceur charmante...

ROSAURA, riant.

Tiens! vous avez des yeux?... je m'en étonne fort!

D'AVILA.

Une telle beauté frappe un homme d'abord.

ROSAURA.

Tiens! vous avez un cœur si facile à la flamme?
Je croyais tout cela très-occupé!...

D'AVILA, souriant.

Madame,
On peut, sans s'allumer le cœur comme un flambeau,
Admirer, en passant, ce qu'on trouve de beau;
Mais du ravissement conclure à la folie!...

ROSAURA, un peu piquée.

Calmez-vous! je plaisante.

D'AVILA, à part.

Elle est vraiment jolie!
Et si je n'avais pas en tête l'autre amour...

ROSAURA, à d'Avila.

A bientôt.

(Prenant la main de Dolorès.)

Chère enfant, nous allons faire un tour.

D'AVILA, cherchant à la retenir, bas à Rosaura.

Son nom?...

ROSAURA.

Que vous importe!... une jeune parente
Dont l'histoire, à coup sûr, vous est indifférente!

(Au moment où d'Avila cherche à se rapprocher de Dolorès.)

Vous avez admiré suffisamment...

(Entraînant Dolorès.)

Mon Dieu!
Il en faut, mon cousin, pour tout le monde un peu!

D'AVILA, au seigneur, sur le devant de la scène, tandis que Rosaura s'éloigne lentement par le fond, avec Dolorès, Léonor et Béatrix.

Eh bien, son arrivée est une bonne chose!
Voilà pour la comtesse une rivale éclose!...

Or, je me sens porté par mes réflexions,
A moins de patience et de soumissions!
Laura compte un peu trop sur mon amour extrême;
Essayons ces dédains qu'elle étale elle-même,
Et que cette enfant-là, dont on va tant parler,
Me serve pour la vaincre ou pour m'en consoler!...

LE SEIGNEUR.

Le comte de Roxas!

D'AVILA.

Seul?

LE SEIGNEUR.

Avec la comtesse.

SCÈNE V

LE MARQUIS D'AVILA, CÉLIO, MANRIQUE, QUELQUES INVITÉS, LE COMTE DE ROXAS, LAURA.

ROXAS, à part, voyant d'Avila.

Oh! oh! c'est un galant plein de délicatesse!...
Il attendait!...

(Il salue Manrique et les autres.)

LAURA, à part.

Qu'ont-ils à se parler tout bas!...
Une immobilité que je ne comprends pas!...

(Elle s'avance; tous la saluent gravement.)

On les dirait gelés, tant leur mine est de glace!...

(Regardant d'Avila, qui paraît absorbé dans ses pensées.)

Bon! jusqu'à d'Avila qui demeure à sa place!
On ne m'a donc pas vue?...

(Allant à Manrique.)

Eh bien, mais je suis là,
Je vous en avertis!...

MANRIQUE, avec un empressement confus.

Qui doute de cela,
Quand nos yeux !... quand nos cœurs !...

(Il fait des gestes démonstratifs, sans achever sa phrase.)

LAURA, quittant Manrique et bas à d'Avila.

Vous savez que j'arrive?...

D'AVILA, jouant l'indifférence.

Madame, assurément !... pensez-vous?...

ROXAS, à part.

Il esquive,
Et s'enferme, aujourd'hui, dans un calme menteur...
Je l'y prendrai, pourtant !...

(Il saisit le bras de Manrique, qui causait avec Célio. — Ils sortent par le fond ; d'Avila disparaît.)

LAURA, seule, à part, sur le devant de la scène.

D'où vient cette froideur?
Son amour, hasardé depuis deux mois à peine,
Pour s'arrêter déjà n'avait pas longue haleine ;
Et c'est pousser trop loin le cas qu'on fait de soi
Que de poser un terme aux femmes comme moi !...

(Réfléchissant.)

A moins qu'un fait nouveau... quelqu'histoire inconnue
N'occupât les esprits lorsque je suis venue?...
C'est bien, j'aviserai !...

(Pendant qu'elle parle, les invités sont sortis les uns après les autres. Elle regarde à droite avec un grand désappointement.)

Mais... je suis seule, ici !...

(Apercevant, à gauche, Fernand immobile, et qui la contemple, depuis quelques instants, dans une muette extase.)

Quel est cet homme-là qui me regarde ainsi?...

(Elle va pour sortir par le fond.)

SCÈNE VI

LAURA, FERNAND.

FERNAND.

Pardon! j'étais au ciel! ne fuyez pas, madame!...

LAURA, *à part, avec un dépit ironique.*

Voyez-vous maintenant ce soldat qui s'enflamme!

FERNAND, *s'avançant un peu vers elle.*

Qu'importe qu'au passage et de loin seulement,
Je contemple, ébloui, votre rayonnement,
Comme d'un beau jardin dont les portes sont closes
On voit, sans y toucher, les cédrats et les roses?...

LAURA.

Rien ne met à l'abri d'un coup d'œil indiscret,
Mais, s'il pouvait parler, le jardin s'en plaindrait!

FERNAND, *la retenant du geste.*

Restez!... De vous à moi, je sais trop la distance,
Pour permettre un espoir à mon peu d'importance,
Et changer, par l'effet d'un mot audacieux,
En éclairs indignés la splendeur de vos yeux!
Une minute encor, là, seuls, comme nous sommes,
Et je rentre, à jamais, dans la foule des hommes,
Ne demandant, madame, autre chose de vous
Qu'un de ces souvenirs qu'on évoque à genoux!

LAURA, *riant.*

Adieu donc; maintenant, j'ai l'audace de croire
Qu'en voilà bien assez pour garder ma mémoire!...

(A part, en s'éloignant.)

Mais il parle à merveille?... aurait-on dit cela?...

(Elle sort par la droite.)

SCÈNE VII

FERNAND, CÉLIO.

CÉLIO. (Il arrive par la gauche.)

Je ne m'attendais guère à te retrouver là!...

(Remarquant son abattement.)

Qu'as-tu?...

FERNAND.

Rien... je suis fou!...

CÉLIO, insistant.

Quoi donc?... une querelle?...

FERNAND, avec feu.

Plût à Dieu!...

CÉLIO.

Mais encore...?

FERNAND.

Et que ce fût pour elle!

CÉLIO, impatienté.

Pour qui?

FERNAND.

Je ne sais pas....

(Avec humeur.)

Je ne sais pas, enfin!

CÉLIO.

Ni moi non plus!...

FERNAND, avec transport.

Un rêve! un miracle divin!

Là!... tout à l'heure!...

CÉLIO, souriant.

Attends!... je connais ton histoire :

Un miracle... coiffé d'une mantille noire!

Un rêve... plein de grâce et de timidité!...

FERNAND.

Non — l'éclat, dans la force et dans la majesté!
La grandeur qui s'impose et commande qu'on l'aime!
Un de ces fronts moulés au creux du diadème,
Et, comme une couronne à sa beauté sans prix,
Ce dédain formidable où les hommes sont pris!...

CÉLIO, frappant dans ses mains.

C'est la comtesse, alors! c'est Laura, cette belle!...
Tu vois qu'on en faisait un crayon très-fidèle!

FERNAND.

Je vois que, par envie, on n'en dit point assez!

CÉLIO, stupéfait.

Comment! du premier coup, nous sommes dépassés?
Vive Dieu! pour un homme endurci dans la guerre,
Pour un cœur « si bronzé » tu ne te défends guère!...
Crois-moi — c'est bien à tort que nous nous chamaillons,
Ta main peut toucher l'aile à tous les papillons!...

FERNAND.

Non, Célio — le feu qui brûle dans mes veines
N'a rien de comparable avec ces langueurs vaines
Et ces émotions qu'on se forge à vingt ans!...
L'été, couvert de flamme, a chassé le printemps!
C'est l'amour, aujourd'hui sans mesure et sans trêve!
C'est la réalité plus haute que le rêve!
C'est l'oubli, Célio, pour avoir vu ses yeux,
Des paradis d'enfance, aux horizons trop bleus!...

CÉLIO, vivement.

Tout beau! si c'est par là que vont tes rêveries,
J'ai regret, maintenant, de mes plaisanteries!
Oui — plutôt que d'entrer dans ce rude chemin —
Épouse, camarade, épouse dès demain ;
Ton cœur n'est pas de ceux qu'on jette à l'aventure!
Souviens-toi du passé — songe à la vierge pure...

FERNAND, l'interrompant.

Quoi! tu n'as pas compris que je suis arrêté
Devant cette innocence et cette pureté,
Et que je ne veux pas lui porter, comme un traître,
Le mensonge d'un cœur dont je ne suis plus maître!...
Assez ; l'oubli vaut mieux que tant d'abjection!...

CÉLIO.

Si tu pouvais, du moins, changer de passion!
Si ton désir tombait sur des choses possibles!
Mais tu veux la plus fière, entre les insensibles,
Sans songer que quelque autre... aussi belle, vraiment...

FERNAND.

A quoi bon? que m'importe une autre en ce moment?...
L'éclat de son visage a fait mes yeux pleins d'ombre...

(Montrant la place où était Laura.)

C'est un point qui rayonne—et tout le reste est sombre!...

(Avec désespoir.)

Pas un mot, cependant, pas un regard pour moi!...

CÉLIO.

Cela m'étonne peu.

FERNAND, piqué.

Merci!

CÉLIO.

Rassure-toi!...
On te l'a dit d'avance : elle est, pour tous, la même!
Demande à d'Avila — tu sauras comme elle aime!

FERNAND, avec anxiété.

Tu crois!...

CÉLIO.

Je ne crois rien.

(Riant.)

Voilà ce que je crois!...

FERNAND, regardant au fond.

Célio! Célio!... C'est elle que je vois!...
Là!... regarde .. elle arrive!...

(Apercevant d'Avila.)

Et cet homme?... Je tremble!...

CÉLIO, avec calme.

Le marquis d'Avila.

FERNAND, d'un ton de reproche.

Conviens qu'ils sont ensemble!

CÉLIO.

Pourquoi pas? — C'est tout simple.

FERNAND, entraîné par Célio.

Oh! je veux la revoir!

(Ils sortent à gauche.)

SCÈNE VIII

LAURA, LE MARQUIS D'AVILA.

LAURA.

Me direz-vous quel taon vous a piqué ce soir,
Et d'où vient qu'avec soin vous fuyez quand j'approche?

D'AVILA, hésitant un peu.

Madame... en vérité...

LAURA, avec hauteur.

Ce n'est pas un reproche;
Rassurez-vous, marquis, c'est une question!

D'AVILA.

Cela vient...

LAURA, avec ironie.

Cela vient?

D'AVILA.

D'une réflexion...

LAURA.

Ah ! vous réfléchissez ! — c'est une bonne chose ;
Et vos réflexions sont graves, je suppose ?...

D'AVILA.

Très-graves — quand je songe à la témérité
D'avoir haussé mes vœux jusqu'à votre beauté.

(Laura feint la surprise.)

De trop justes rigueurs me l'ont bien fait comprendre,
Et... je me rends justice — en cessant d'y prétendre !

LAURA, se redressant.

Prétendre à quoi ?... J'ai beau me creuser le cerveau,
Voilà, sur ma parole, un langage nouveau !

(Avec dédain.)

Puisqu'il vous plaît, marquis, de descendre à ces ruses,
Votre témérité commence à vos excuses !...
« Ces trop justes rigueurs » que vous mettez en jeu,
Feraient croire à des gens qui me connaissent peu,
Don Louis d'Avila, je vous le dis en face,
Qu'à défaut du succès vous avez eu l'audace,
Et qu'avec moi, sans doute, un homme peut oser
Jusqu'à me mettre, un jour, au cas de refuser ! ..

D'AVILA.

Comtesse, assurément, je ne prétends pas dire
Que vous ayez jamais deviné mon martyre.
Cet amour, cependant, bien que silencieux,
De mon cœur, malgré moi, s'échappait par mes yeux,
Et si, des purs sommets où vous planez, madame,
Vous n'avez pas pu voir les troubles de mon âme,
D'autres, plus près du sol, en parlent de façon
A m'avertir, du moins, qu'on en a le soupçon,
Et qu'il est temps pour vous d'éviter, à la lettre,
Les rencontres d'un fou qui peut vous compromettre,
Et qu'il est temps pour moi d'étouffer ce vain bruit
D'un bonheur supposé — dont je n'ai pas le fruit !

LAURA, dédaigneusement.

Apaisez, s'il vous plaît, ces alarmes trop fortes!
Mon honneur, en tremblant, n'écoute point aux portes,
Et ma vertu, je pense, est assez en crédit
Pour que je craigne peu les choses qu'on en dit;
Ai-je à répondre, moi, des rêves que vous faites?
Et croyez-vous, vraiment, qu'au milieu de vos fêtes,
Dieu m'impose, après tout, le devoir rigoureux
D'empêcher la folie au cœur des amoureux?
Vous pouvez, je vous jure, à ma suite paraître,
Sans exposer à mal l'estime où j'entends être,
Ni faire aucunement — calmez vos repentirs —
Chavirer ma sagesse au vent de vos soupirs!
Si donc vous avez pris cette allure un peu louche
Pour extorquer, ce soir, un aveu de ma bouche,
Vous vous trompez beaucoup — mais cent fois plus encor,
Si vous craignez, marquis, de me faire du tort!

D'AVILA.

Frappez! j'ai mérité toute cette ironie;
Et, pour mettre entre nous quelque peu d'harmonie,
J'accepte vos dédains — sans trop m'en indigner —
En homme malheureux qui sait se résigner!...

(Il salue pour s'éloigner.)

LAURA, dissimulant son dépit.

Ah! parfait! votre main! — c'est ainsi qu'il faut être!...

(Elle lui tend la main.)

D'AVILA, à part, en lui baisant la main.

J'y gagne au moins cela que je deviens mon maître!...
A l'autre maintenant!

(Il s'éloigne par la droite.)

SCÈNE IX

LAURA, LE COMTE DE ROXAS.

ROXAS.

Eh! j'arrive assez mal!

LAURA, se tournant vers lui, avec calme.

Pourquoi cela?...

ROXAS, indigné.

Pourquoi!...

LAURA, froidement.

Sans doute.

ROXAS.

C'est égal!
Je connais maintenant la vérité des choses.

LAURA, avec une admiration ironique.

Vous êtes bien profond!...

ROXAS, sourdement.

Les effets ont leurs causes...

LAURA.

Très-juste!

ROXAS.

Et ce baiser, sur votre blanche main...

LAURA, haussant les épaules.

Quoi! ce baiser, vraiment!...

(Lui tournant le dos.)

Passez votre chemin.
Vous êtes fou!

ROXAS, avec ironie.

Non pas! — Si j'ai perdu la tête,
C'est le jour désastreux où, fier de ma conquête,
Dans les champs, loin du monde, à l'ombre des ormeaux,
Je crus, en vous prenant, faire un choix des plus beaux!...

LAURA, impatientée.

L'endroit n'est pas heureux pour y faire un esclandre!

ROXAS.

Je ne l'ai pas cherché, madame — il faut s'entendre —
Je l'accepte — c'est vous qui me l'avez donné !
Or, sans aucun souci de me voir ruiné...

LAURA, *avec mépris.*

Vous !...

ROXAS, *montrant la toilette de sa femme.*

— Un luxe pareil y mène en droite route ! —
Vous confirmez encor ce qui n'était qu'un doute !...

LAURA, *avec colère.*

C'est faux !... Mais sachez bien que si, jusqu'à ce jour,
Je n'ai pas écouté ceux qui parlent d'amour,
Les soupçons dont par vous je me sens poursuivie
Aboutiront, sans faute, à m'en donner l'envie !

ROXAS.

Essayez donc un peu. — Je suis là, par bonheur,
Très-disposé, madame, à venger mon honneur !

LAURA, *avec indignation.*

Votre honneur !... vous m'osez dire ce mot en face,
Vous qui, sous un grand nom, portez l'âme assez basse
Pour pleurer tout un jour, comme du bien perdu,
Quelque joyau qui brille, à mes cheveux pendu !
Vous qui rêvez pour moi quelque bonne infamie,
Moins jaloux par orgueil que par économie,
Et ne cherchant ici des prétextes en l'air
Que pour rompre un lien qui vous coûte trop cher !

ROXAS.

Pouvez-vous m'accuser ?...

LAURA, *sans l'écouter.*

Tout le long de ma route
Je me heurte à des gens que vous payez, sans doute,
Et qui sont postés là par vous, leur alguazil !...

ROXAS, *avec force.*

Jamais !

SCÈNE X

LES PRÉCÉDENTS, UN DOMESTIQUE.

LE DOMESTIQUE, saluant le comte.

Monsieur le comte, un homme...

ROXAS, se retournant.

Que veut-il ?

LE DOMESTIQUE.

Je ne sais... mais, peut-être, en vous disant sa mise...
Longue épée, un chapeau large, une cape grise...

ROXAS, à part.

Triple sot !

LAURA, bas au comte.

En public, vous compromettre ainsi !

ROXAS, au domestique.

Plus tard...

LAURA, avec une légère ironie.

Partez, partez !...

ROXAS, avec embarras.

Dans une heure d'ici
Je reviens... une affaire...

(Avec intention.)

Amusez-vous, madame !

(Il sort.)

LAURA, sans daigner se retourner.

On tâchera, du moins !... Qu'est ceci ? Sur mon âme,
Me voilà seule encor... c'est la seconde fois !
Un complot des plus fins pour me mettre aux abois...
Cette femme qu'on suit, cette étoile nouvelle...
Comme si leur encens m'importait... D'où vient-elle ?

Quel charme, à son approche, a gagné ces gens-là?
C'est de loin seulement que j'ai vu tout cela,
De peur de donner prise... et qu'on ne vînt à croire...

(Apercevant, au fond, d'Avila avec Dolorès.)

Elle, avec d'Avila !... Bien!... j'entends son histoire!...

(Avec colère.)

Oh ! quel que soit son rang, je serai sans pitié!...

(Reconnaissant la femme.)

Dolorès!

SCÈNE XI

LAURA, puis, dans le fond, LE MARQUIS D'AVILA, tenant à son bras DOLORÈS, PLUSIEURS INVITÉS autour d'eux.

DOLORÈS, apercevant tout à coup Laura, et quittant le bras de d'Avila.

Laura!

D'AVILA, à part.

Tiens!... peste!... quelle amitié!..
Je ne soupçonnais pas...

DOLORÈS, contemplant Laura avec enthousiasme.

Comme te voilà belle!...
Permets donc qu'on t'admire!...

LAURA, à part, exaspérée.

Encor!... Se moque-t-elle?

DOLORÈS.

Voilà deux ans, marquis, qu'elle m'a dit adieu.

D'AVILA.

Je comprends...

DOLORÈS.

Il faut bien qu'on se rattrape un peu.

D'AVILA.

A vos ordres!...

(Il salue et se retire.)

SCÈNE XII

LAURA, DOLORÈS.

DOLORÈS.

Laura! (Se reprenant.) Madame la comtesse
Car le ton que j'ai pris manque de politesse...
(Avec abandon.)
Bah! je veux te nommer Laura, comme autrefois!
Te les rappelles-tu, nos courses dans les bois?
Et Juana la fileuse, aux ballades étranges,
Et le barbier Mengo qui volait nos oranges,
Et la mule au poil roux qui te portait si bien
De la tour de ton père au vieux château du mien,
Quand les blés étaient mûrs, dans la saison des cailles?...

LAURA, à part, avec ennui.

Où veut-elle en venir avec ses antiquailles?...

DOLORÈS, tristement.

Ah! ma pauvre Laura, comme tout est flétri
Dans ce coin de la terre où nous avons tant ri!

LAURA, assez froidement.

Quel désastre?...

DOLORÈS, plus bas, les yeux au ciel.

Mon père!...

LAURA.

Ah!

(Elle regarde la toilette de Dolorès.)

DOLORÈS.

Tout cela t'étonne!...
Je n'ose pas pleurer — la marquise est si bonne!...
C'est ma cousine...

LAURA, vivement.

A toi?

DOLORÈS.

Je ne le savais pas ;
Mon père, au lit de mort, m'a jetée en ses bras ;
J'ai passé tout mon deuil au fond de la campagne,
La marquise, aujourd'hui, veut que je l'accompagne ;
Et m'adorant enfin, bien plus que de raison,
Elle m'ouvre à la fois son cœur et sa maison !
Mon histoire est peu longue et tu la connais toute !

LAURA, à part.

Quelque plan médité par la vieille sans doute !...
(Haut.)
Tu n'es pas mariée ?...

DOLORÈS, souriant.

Attends un peu !

LAURA, très-inquiète.

Pardon...
Mais... un soldat... je crois...
(Cherchant.)
Je n'ai plus là son nom...

DOLORÈS, avec amour.

Fernand !

LAURA, se rappelant.

Oui—don Fernand—tu l'aimais, ce me semble ?...
Je ne l'ai pas connu — nous en parlions ensemble...
C'était une tendresse à ne jamais finir !
Tout se serait éteint, jusqu'à son souvenir ?
(Avec ironie.)
Le pauvre homme !... et ton nom qu'il portait sur sa dague !
Et les serments donnés ! et la fameuse bague !...

DOLORÈS, tendant la main.

Regarde — j'ai la bague — et je l'aime toujours !

LAURA, hochant la tête.

Mais combien vont durer ces anciennes amours ?
L'image n'en sera que trop vite effacée,
Puisqu'au bras du marquis... comme une fiancée...

DOLORÈS, l'interrompant.

Moi, dis-tu, fiancée au marquis d'Avila?

LAURA, froidement.

Sans doute...

DOLORÈS, avec naïveté.

Ai-je deux cœurs?

LAURA, avec une joie intime.

Ah! c'est très-bien, cela!

(Après avoir bien examiné la physionomie de Dolorès.)

Embrasse-moi!

DOLORÈS, se suspendant à son épaule, avec un doux reproche.

Laura! comment pouvais-tu croire...?

LAURA.

J'avais tort — que veux-tu! — c'est une vieille histoire,
Et les chemins d'amour sont tout pavés d'oubli!
Oh! tous deux — loin, bien loin de ce monde avili,
Sous quelque toit moussu qui rira dans les branches,
Où tous les jours seront gais comme des dimanches,
Vous irez, n'est-ce pas, cacher votre bonheur?...
Il est beau, ton Fernand?... Veille autour de son cœur!
Emporte-le, crois-moi, les femmes sont habiles,
Et le plus fort succombe au piége de nos villes!
Que vous êtes heureux, vous qui pouvez demain
Vous arracher ensemble à ce tumulte humain,
Et relier gaîment, dans vos pures étreintes,
Le passé sans remords — à l'avenir sans craintes!

DOLORÈS, avec ravissement.

Parle, oh! parle toujours!... tu penses comme moi!...
Si je pouvais, mon Dieu!...

LAURA, brusquement.

Bon! qui t'empêche, toi?...

DOLORÈS, souriant.

Ah! je ne t'ai pas dit la cause qui m'enchaîne...
Don Fernand doit entrer aux gardes de la reine,

Un espoir de jeunesse, enfin réalisé!...
Le terme qu'à lui-même il s'était imposé,
Quand tous deux, en riant, nous comptions les années...

LAURA.

Et ce fait-là, dis-tu, change tes destinées?
Quel rapport?...

DOLORÈS, souriant.

Tu sais bien que, sans jeter un cri,
Toute femme, ici-bas, doit suivre son mari.
Je reste avec le mien, comme toi près du comte...

LAURA, à part.

Ce petit incident ne ferait pas mon compte!

(Haut, avec inquiétude.)

Il t'annonce lui-même?...

DOLORÈS, embarrassée.

On me l'a dit.

LAURA, haussant les épaules.

Comment!
Il ne t'a point fait part d'un tel événement?

DOLORÈS, hésitant.

C'est qu'il m'en réservait, sans doute, la surprise...

(Appuyant.)

Quant au fait, j'en réponds!

LAURA, amèrement.

Et ce fait t'autorise
A rester dans Tolède à perpétuité?...

DOLORÈS, avec empressement.

Oui, près de toi, Laura, dans ton intimité;
Ta sœur, comme j'étais au début de la vie!

(Remarquant son air rêveur.)

Tu ne dis rien!... qu'as-tu?...

LAURA, comme se réveillant en sursaut.

Qui?... moi?... j'en suis ravie!

DOLORÈS.

Il faut bien, n'est-ce pas, se soumettre au destin?...

LAURA.

Allons donc! c'est au mieux! un avenir certain!
Je m'en réjouis fort, dans le fond de mon âme!

(Changeant de ton.)

Et la bonne marquise approuve cette flamme?...

DOLORÈS, embarrassée.

Elle ignore...

LAURA.

Ah! vraiment?...

(A part.)

C'est bien pour d'Avila
Qu'on avait fait venir cette fillette-là!...
Mais, de quelque côté que penche sa fortune,
Elle reste à Tolède, et ce point m'importune.

SCÈNE XIII

LES MÊMES, FERNAND, puis ROSAURA.

FERNAND, à part.

Je ne partirai pas sans essayer encor!...

LAURA, à Dolorès.

Voyons, ma chère enfant, raisonnons bien d'abord.

FERNAND, à part, comme en proie à une hallucination, en reconnaissant Dolorès.

Qu'ai-je vu?... c'est un rêve!... et mon âme frappée...

DOLORÈS.

(A Laura.)

Fernand! — J'en étais sûre, on ne m'a pas trompée!

FERNAND, à part.

Où fuir?...

DOLORÈS, allant à lui.

Vous, à Tolède!...

FERNAND, balbutiant.

Et vous même... en ce lieu!...

DOLORÈS.

Je suis chez moi.

FERNAND.

Comment?

DOLORÈS, souriant.

Attendèz donc un peu,
Je vous dirai cela d'une façon plus claire...

(Le présentant à Laura.)

Laura — c'est don Fernand!...

LAURA, d'un ton équivoque, et s'inclinant légèrement.

Digne, en tout, de te plaire!

FERNAND, à part.

Comme elle me regarde avec ses yeux railleurs!

DOLORÈS, bas, à Laura.

Comment le trouves-tu?

LAURA, très-haut.

C'est un choix des meilleurs!
Ton âme, assurément, n'en pouvait rêver d'autre...

(Mouvement de dépit de Fernand.)

Je ne sais pas d'accord plus parfait que le vôtre...
Vous donnez là, tous deux, une preuve de goût!...

FERNAND, à part, regardant de coin Dolorès.

J'entends!... je suis trop peu pour elle — voilà tout!

DOLORÈS.

(A Laura.)

Venez, Fernand. — Je veux le présenter moi-même
A la marquise.

LAURA, vivement.

Arrête!... une imprudence extrême!...
Si cette passion la blessait, par hasard?...

DOLORÈS, souriant.

Il faudra bien, pourtant, avouer tôt ou tard...

LAURA.

Nous avouerons...—Ce soir,—elle ignore... Prends garde!
(Moi je n'y suis pour rien, la chose te regarde);
Mais il ne convient pas que, dès le premier jour,
Le monde soit instruit de vos projets d'amour:
Ce n'est pas le moment.

DOLORÈS.

Quel danger?...

LAURA.

Lèvres closes!
L'occasion fait tout; le temps mûrit les choses.

DOLORÈS.

Mais...

(Rosaura paraît au fond, à droite.)

LAURA.

Regarde! on te cherche, on t'appelle, on t'attend.
Pars, te dis-je!

DOLORÈS.

Un seul mot!

LAURA.

Pourquoi se presser tant?
Vous, don Fernand, restez! vous devez bien comprendre...

ROSAURA, à Dolorès.

Tout le monde est là-bas, ma belle, il faut s'y rendre.
— Comment donc, seule ici? Qu'a-t-on fait du cousin?

(Rosaura et Dolorès sortent par la gauche.)

SCÈNE XIV

LAURA, FERNAND.

LAURA, à part.

A nous deux, cette fois! (A Fernand.) Oh! pardon!... j'ai des-
D'effacer, s'il se peut, l'impression mauvaise [sein
Que mon accueil si rude...

FERNAND, avec amertume.

Allons donc! à votre aise!
Un homme tel que moi ne méritait pas mieux!...

LAURA.

C'est que j'avais, sans doute, un bandeau sur les yeux!...
Je ne vous voyais pas!... vous savez... une femme!...
Il suffit qu'un caprice ait traversé son âme.
Un ennui vague — un rien!...

(Souriant.)

Mais convenez un peu
Que j'aurais eu grand tort, si, dans ce même lieu,
J'avais trop écouté votre plaisanterie?...
Que deviendrait mon cœur, à présent, je vous prie?
C'était vraiment jouer avec ma bonne foi!
L'ami de Dolorès — de mon amie, à moi!...
Savez-vous, don Fernand, que j'ai peur, quand j'y pense?

FERNAND, avec amertume.

L'éclat dont vous brillez de ces peurs vous dispense!
Qu'importe un vain propos, sottement hasardé?
Votre cœur qui réclame était trop bien gardé
Pour craindre les assauts du premier qui soupire!
Vous n'en êtes pas là, madame!...

LAURA.

Qu'est-ce à dire?

FERNAND.

Rien; mais nulle, ici-bas, avec impunité,
N'étale aux yeux du monde une telle beauté;
Et, par contagion, c'est assez la coutume
Qu'on se brûle soi-même aux flammes qu'on allume!...
Un autre... plus heureux...

LAURA, jouant la naïveté.

Je ne vous comprends pas!

(A part.)

Il est jaloux!...

FERNAND, avec passion.

Madame... écoutez-moi !...

LAURA, comme effrayée.

Plus bas ! ..
Vous écouter !... le puis-je ?... est-ce un instant possible ?. .
Mais cette pauvre enfant !... vous êtes insensible !...
Don Fernand, parlons d'elle !...

FERNAND, éperdu.

Eh ! le puis-je, à mon tour ?
(Se frappant la poitrine.)
Quand ce cœur misérable est plein d'un autre amour !
(La regardant avec ivresse.)
Quand j'ai vu, dans vos yeux, des choses inconnues !...
(Se rapprochant d'elle.)
Quand mon esprit, madame, escaladant les nues,
Rêve à ce grand bonheur de monter jusqu'à vous !...

LAURA, à part, détournant la tête.

Bah ! nous l'arrêterons sur ce chemin trop doux ! ..
J'entends le maintenir dans un juste équilibre...

FERNAND, lui prenant la main.

Madame...

LAURA.

Oubliez-vous que je ne suis pas libre ?
(Elle s'écarte de lui vivement.)

FERNAND, suppliant.

De grâce !

SCÈNE XV

Les Mêmes, LE MARQUIS D'AVILA.

LAURA, voyant entrer d'Avila.

Ah ! don Louis, donnez-moi votre bras :
Avez-vous vu le comte ?...

D'AVILA

On ne l'aperçoit pas...

(Avec galanterie.)

Mais je vous conduirai moi-même à votre chaise!...

LAURA, regardant de coin Fernand.

Très-volontiers, marquis!...

(Elle sort lentement par la gauche, au bras de d'Avila, en faisant un léger signe de tête à Fernand, qui reste immobile, foudroyant le marquis de son regard.)

SCÈNE XVI

FERNAND, CÉLIO, MANRIQUE.

CÉLIO, à part, arrivant par la droite.

Ma foi! j'en suis fort aise!

(Se frottant les mains.)

Cette rivalité mettra Tolède en feu.

MANRIQUE.

Nous allons donc enfin nous amuser un peu!...

CÉLIO, frappant sur l'épaule de Fernand et suivant la direction de son regard.

Eh bien, que fais-tu là, sinistre et solitaire?...

FERNAND, d'une voix sourde et montrant d'Avila.

Je songe que cet homme est de trop sur la terre!...

FIN DU PREMIER ACTE.

ACTE DEUXIÈME

Une promenade publique; au fond, à droite, la maison de doña Rosaura. — Arbres espacés. — Plusieurs autres balcons donnant sur la place. — Au fond, à droite, à gauche, des commencements de rues. — Groupe de promeneurs. — C'est le soir.

SCÈNE PREMIÈRE

LE MARQUIS D'AVILA, QUELQUES SEIGNEURS, MUSICIENS.

D'AVILA, *parlant bas aux seigneurs, après avoir rangé çà et là ses musiciens.*

Oui — c'est là maintenant que j'ai tourné mes yeux!...

(Il montre le balcon de Rosaura.)

Mais cette fois, du moins, dans un but sérieux;
L'enfant résiste encor — j'ai pour moi la marquise.

(Allant vers les musiciens.)

Double aubaine à chacun, si la belle est conquise!

(Revenant aux seigneurs.)

Puis, c'est pour la comtesse une bonne leçon;
Elle m'a traité là comme un petit garçon.
Je réponds en musique à son dernier outrage...
La bonne âme, ce soir, en va crever de rage!

(Aux musiciens, qui prennent leurs instruments.)

Doucement!... Qu'on s'accorde...

(Jetant un coup d'œil à tout son monde.)

Et, de tous les côtés,
Ensemble, mes amis!... pianissimo!...

(Agitant son épée.)

Partez!...

LES MUSICIENS.

Le soir a tendu ses voiles...
Éveillons — à petit bruit —
La plus blanche des étoiles
Qui manque au front de la nuit!

UN CHANTEUR.

J'ai, dans mon cœur, une belle
Que j'adore, nuit et jour,
Une lampe est devant elle,
La lampe de mon amour!

Dans cette chapelle austère
Que desservent mes douleurs,
Tous mes rêves sont, à terre,
Effeuillés comme des fleurs!

La Détresse, en cape noire,
Tient, goutte à goutte amassés,
Dans un bénitier d'ivoire
Tous les pleurs que j'ai versés!

Le seul encensoir qui fume
A l'autel silencieux,
C'est mon âme qui s'allume
Sous le rayon de ses yeux!

Apaise enfin ta colère, —
Toi que Dieu fit pour charmer;
Va, c'est un crime de plaire,
Quand on ne veut pas aimer!...

LES MUSICIENS.

Le soir a tendu ses voiles...
Éveillons — à petit bruit —
La plus blanche des étoiles
Qui manque au front de la nuit!

(Laura et le comte de Roxas passent ensemble à la fin de la ritournelle. — Le marquis d'Avila se détache du groupe et salue silencieusement Laura, puis rentre aussitôt parmi les promeneurs. — Les musiciens se dispersent.)

SCÈNE II

LAURA, LE COMTE DE ROXAS, Promeneurs au loin.

LAURA, à part, en descendant avec le comte.
C'est lui qui fait la chose; il a peur qu'on n'en doute!
ROXAS, grommelant, à demi-voix.
Toujours, à point nommé, ce galant sur ma route!
LAURA, lui montrant la maison de Rosaura.
Voilà qui doit pourtant vous rassurer un peu.
ROXAS, avec ironie.
Oh! c'est un habile homme, et qui connaît son jeu!
Depuis ce doux baiser, sur votre main charmante,
Il cache avec succès le feu qui le tourmente!...
(Montrant à son tour la maison de Rosaura.)
Sous un autre balcon sa musique a passé,
Et je suis très-content de son aspect glacé,
Très-content!.. Sa froideur est des mieux entendues,
Il a cessé, chez nous, ses courses assidues;
Plus de regards brûlants — plus de mots délicats,
Tout va bien!.. Je m'endors — et ne devine pas!
LAURA, lui montrant toujours la maison.
Mais ouvrez donc les yeux pour éclairer votre âme!
ROXAS, se détournant.
J'aime mieux les fermer; chacun son goût, madame;
De peur qu'au beau milieu de ma sécurité,
Un regard de cet homme, imprudemment jeté,
Quelque signe de tête — un geste à l'étourdie,
Ne me donne le mot de cette mélodie!
LAURA.
Vous croyez que pour moi, ces gens...
ROXAS.
Je ne crois rien:
La musique m'agace, et vous le savez bien;
J'irais, pour m'en défendre, à l'autre bout du monde!

LAURA, montrant au loin d'Avila.

Vous tombez, quant à lui, dans une erreur profonde.

ROXAS, éclatant.

D'où vient qu'il vous a plu de passer par ici?
Dans quel but devant vous se courbait-il ainsi?
Quand il épouserait, pour couvrir son manége,
S'en suit-il qu'à mes yeux il soit blanc comme neige?
Dois-je à ses actions moins veiller pour cela?
N'en a-t-on pas connu de ces malices-là?...
Ah! tenez, mieux valait ne pas tant voir les choses!
Quoi qu'il en soit, d'ailleurs, de ses métamorphoses,

(Mettant un doigt à son oreille.)

Mon petit doigt me parle, et j'ai lieu de penser
Que, très-prochainement, mes craintes vont cesser!

(Il fait une mine singulière.)

LAURA, avec une certaine inquiétude.

Comment? que dites-vous? pourquoi cette grimace?

ROXAS, se reprenant.

Rien! oh! rien!... Seulement, la musique m'agace,
Et j'ai les nerfs tendus d'une telle façon
Que l'odeur d'un sonnet me donne le frisson!...
Ce qui fait que, ce soir, je pars pour la campagne.

LAURA, surprise.

Vous!

ROXAS.

Moi-même.

LAURA, avec ironie.

Allez donc, et Dieu vous accompagne!

ROXAS.

Je vais chercher là-bas l'air pur et le ciel bleu.

LAURA.

Vous êtes bien champêtre!

ROXAS, avec finesse.

Eh! mais, toujours un peu!

SCÈNE III

Les Mêmes, FERNAND, puis MANRIQUE, CÉLIO et quelques autres Cavaliers.

FERNAND, saluant Laura.

Comtesse !...

ROXAS, lui tendant la main.

Ah! don Fernand!...

(Changeant de ton.)

Je pars à l'instant même ;
Un objet imprévu... dont l'importance extrême...

FERNAND, avec sollicitude.

Rien de grave pour vous?...

ROXAS.

Rien de grave.

FERNAND, avec rondeur.

Autrement,
Je suis là...

ROXAS, lui serrant la main.

Grand merci !...

(A part.)

C'est un homme charmant!
Nous avons, l'un vers l'autre, un penchant qui nous porte...
Je l'ai, du premier jour, auguré de la sorte,
Et je veux désormais le rencontrer chez moi...
L'occasion viendra...

(Apercevant de loin Manrique.)

Don Manrique, je croi?...
Ce brave don Manrique!... approchez-vous, de grâce !...

MANRIQUE, à part, en venant à lui.

Quel accès d'amour pur !...

ROXAS, l'embrassant.

Quand on part, on s'embrasse!

MANRIQUE.

Pardon... mais, dites-moi...

ROXAS.

Recevez mes adieux;
Je serai, dans une heure, assez loin de ces lieux.

MANRIQUE.

Vous partez?

ROXAS.

Pour deux jours; trois au plus, somme toute.

(Apercevant Célio qui survient.)

Ah! bonsoir, Célio; je vais me mettre en route.

(A plusieurs autres promeneurs.)

A bientôt, cavaliers; je vous quitte à regret!...

CÉLIO, bas à Manrique.

Vive Dieu! ce n'est point un voyage secret!

(Il rit avec Manrique et Fernand. — Le comte salue à droite et à gauche.)

LAURA, à part.

Oh! je me vengerai de cette sérénade!...

ROXAS, conduisant Fernand à Laura.

Votre bras, je vous prie. — Après la promenade,
Vous conduirez madame...

(Fernand semble hésiter, tout en dissimulant mal sa joie.)

Elle y consent, parbleu!

(A part, regardant de coin, tandis que Fernand offre son bras.)

Cette combinaison doit la gêner un peu!
Ce n'est point ce bras-là qu'on rêvait pour s'y pendre!...

(Se détournant et se frottant les mains.)

Ah! marquis de mon cœur, vous avez cru m'y prendre
Et vous pensiez, je gage, en dressant ce panneau,
Qu'on attrape un vieux loup dans un piége à moineau

Le système est usé : moins on dit, plus j'écoute !...

(Saluant tout le monde.)

Au revoir, mes amis !

(Il sort précipitamment.)

MANRIQUE, le regardant partir.

Diantre ! il n'a point la goutte !

CÉLIO, riant.

Vive Dieu ! comme il court !...

(Il fait à Manrique un signe d'intelligence, en lui montrant Fernand avec Laura, et il l'entraîne avec lui. — Les promeneurs se dispersent.)

SCÈNE IV

LAURA, FERNAND.

FERNAND, d'une voix saccadée.

Madame, au nom du ciel !
Pourquoi ces longs regards plein d'un ennui mortel ?
D'où vient ce front penché ? De grâce !... en suis-je cause ?
Souffrez-vous, à regret, le bras qu'on vous impose ?
Ou quelque autre raison qui m'échappe aujourd'hui...

LAURA, se redressant.

Moi, j'ai le front qui penche, et les yeux pleins d'ennui ?

FERNAND.

Vous-même !

LAURA, souriant.

A quel propos ? Permettez... je réclame !

FERNAND, avec feu.

Mais moi, j'en suis certain, moi qui lis dans votre âme !

LAURA, ingénument.

Je ne sais pas, alors — quelque vague langueur...
Un peu d'orage, en l'air — un peu de trouble au cœur,

Tout ce bruit des passants... la musique, peut-être.
Parfois le corps s'affaisse et l'esprit n'est plus maître...
C'est comme l'autre jour...

(Montrant la maison de Rosaura.)

Dans la fête — là-bas...
N'y pensons plus.

FERNAND.

Comment n'y penserais-je pas.
Quand je voudrais vous voir, rayonnante et sereine,
Porter la joie au front — comme un bandeau de reine!

LAURA, souriant.

Quoi! mon sort vous occupe, et vous en gémissez,
Depuis dix jours au plus que vous me connaissez?

FERNAND.

Que parlez-vous du temps? Je vous connais, madame,
Du jour où quelque chose a frémi dans mon âme,
Depuis que, tout enfant, j'ai rêvé dans les bois,
Depuis que les oiseaux ont de charmantes voix,
Depuis que j'aime, aux cieux, la splendeur des étoiles!
Car le songe indécis m'est apparu sans voiles,
Et Dieu permet enfin que je retrouve en vous,
Tout ce qu'il a fait grand, irrésistible et doux!
Qu'un ennui vous accable, ou qu'un espoir vous vienne,
Votre âme a, désormais, son écho dans la mienne,
Et le sort nous attache avec tant de rigueur
Qu'une ombre sur vos yeux fait la nuit dans mon cœur!...
Dites-moi donc le sens caché — la cause vraie
De ces abattements dont mon esprit s'effraie,
Afin que — sachant tout — je découvre un moyen,
Dût y rester ma vie!...

LAURA.

Oh! vous n'y pouvez rien!

FERNAND, avec feu.

Moi, madame?

LAURA.

Et d'ailleurs, est-ce bien votre rôle
De venir, sous ma croix, mettre ainsi votre épaule?
N'oubliez-vous pas trop — je le dis sans détour,
Au pied de quel balcon vous me parlez d'amour?
Le marquis en arrive à des fanfaronnades,
Et le bruit éclatant que font ses sérénades
Devrait troubler votre âme, et vous occuper mieux
Qu'un ennui passager qui flotte sur mes yeux!

FERNAND, *désespéré.*

C'est une cruauté de m'en parler vous-même,
Quand vous savez, madame, à quel point je vous aime,
Et que je tâtonnais dans l'ombre, auparavant!
Et que votre regard fut le soleil levant!...
A quoi bon me roidir contre ma destinée?
Dolorès, ce n'est plus la vierge abandonnée!
Moi, l'obtenir? — Elle est trop riche pour cela!

LAURA.

Vous la céderez donc au marquis d'Avila?

FERNAND.

De quel droit voulez-vous qu'un soldat la réclame?

LAURA.

Avez-vous seulement essayé?

FERNAND.

Non, madame!

LAURA.

J'aurais cru, cependant, que par orgueil blessé...

(Mouvement de Fernand.)

Par amour-propre, au moins — vous n'auriez pas laissé
D'Avila vous la prendre, et vous barrer la route!...

FERNAND, *impatienté.*

Que nous fait d'Avila, madame!

LAURA.

Rien, sans doute...

Pourtant...

FERNAND.

Ce d'Avila vous occupe beaucoup!

LAURA, se défendant.

Moi?...

FERDAND, éclatant.

Tenez! oh! tenez!... Je veux vous dire tout...
Je ne me trompais pas — vous l'aimez!...

LAURA, feignant d'être piquée.

Du courage!

FERNAND, se reprenant vite.

Ne craignez pas, comtesse, un mot qui vous outrage,
Car s'il osait sortir de mon sein frémissant,
Ce soir, pour l'expier, je donnerais mon sang!

(Se redressant avec fureur.)

Seulement — ô délire à troubler la pensée!
Si j'avais ce bonheur qu'il vous eût offensée,
Si je pouvais, terrible, au signe de vos yeux,
Bondir comme un lion sur cet audacieux,
Et, sans me soucier de quel titre on le nomme!...

LAURA, l'interrompant.

Encor?... Calmez-vous donc!... Qui parle de cet homme?...
Qui songe à d'Avila?...

FERNAND.

Moi, si ce n'est pas vous!
Car voilà trop longtemps qu'il se pose entre nous!..
Je sens peser sur moi son ombre qui m'accable,
C'est l'obstacle éternel — le mur inattaquable!
Ah! vous parliez tantôt de mon orgueil blessé!...
Eh bien — nous allons voir!...

LAURA, souriant.

Vous êtes insensé!...

FERNAND.

Mais..

LAURA, même jeu.

Ne confondons pas!...

(Montrant le balcon de Dolorès.)

J'ai dit cela pour elle!...
Autrement, c'est un tort de lui chercher querelle.

FERNAND, avec amertume.

Bien! voilà maintenant que vous le défendez!

LAURA, feignant le trouble.

Moi?

FERNAND, avec force.

Vous tremblez pour lui, madame...

(Lui prenant la main.)

Regardez!

LAURA, avec émotion.

Ah! Fernand, savez-vous si c'est pour lui qu'on tremble?

FERNAND, haletant.

Pour qui donc? Achevez!...

LAURA, très-bas, comme hésitant.

J'ai tout dit... ce me semble...

FERNAND, avec exaltation.

Trembler pour moi, comtesse?... O rêve inespéré!

LAURA, comme se repentant, et se cachant avec son éventail.

Grand Dieu!... Peut-être un mot que je regretterai!..

FERNAND.

Ne le regrettez pas, ce doux mot qui m'enivre,
Car l'orgueil d'être aimé fait le bonheur de vivre,
Et je suis invincible avec un tel espoir!

LAURA.

Invincible!... Vraiment vous m'étonnez ce soir!
On se dirait au camp — la veille d'une affaire!...
Maintenons avant tout la paix que je préfère,
Et gardez ce courage au service du roi...
Nul motif, en un mot, de l'attaquer pour moi.

(Souriant.)

A moins que ce ne soit chose bien criminelle
D'avoir froissé mes nerfs avec sa ritournelle!
Car c'était lui vraiment qui — la plume au chapeau —
Offrait cette musique au logis del Campo,
Si bien qu'il encombrait, grâce à sa sérénade.
Tout le meilleur côté de notre promenade...
Est-ce un fait, selon vous, qui mérite la mort?
Laissons vivre les gens!...

FERNAND.

Vous vous troublez à tort,
Je veux voir seulement comme il tient son épée!

LAURA.

Don Fernand, je m'oppose à pareille équipée!

FERNAND, cherchant des yeux d'Avila.

J'ai bien le droit...

LAURA, l'entraînant.

Venez, vous dis-je, et soyez doux!

FERNAND, cherchant toujours.

Il est là... quelque part...

LAURA, lui mettant la main sur le bras.

Non!...

FERNAND.

Pour qui tremblez-vous?

LAURA, avec autorité.

Un scandale aussi grand!... devant moi!...

FERNAND, frémissant d'impatience.

Que je meure!...

LAURA, l'entraînant par la rue de gauche.

Vous me devez ce bras jusque dans ma demeure!...

(Ils sortent.)

SCÈNE V

ROSAURA, DOLORÈS, Promeneurs, au fond.

(Elles viennent de la maison de droite et se dirigent vers le devant de la scène.)

ROSAURA.

Un soir délicieux... pas un souffle de vent!
On ne se cloître pas ici comme au couvent;
Vous pouvez vous risquer, toute la place est vide.
Voyons, ouvrez-moi bien ce petit cœur timide.
Vous ai-je par parole, ou bien par action,
Donné lieu de douter de mon affection?

DOLORÈS, émue.

Madame...

ROSAURA.

Chère enfant, répondez-moi sans crainte;
Un mot sans le vouloir peut laisser son empreinte...
Un fait dont par malheur on ignore le sens,
Quoique tout naturel et des plus innocents,
Parfois — mal éclairci — provoque un froid qui dure...

DOLORÈS.

Mais rien de tout cela, marquise, je vous jure!...

ROSAURA.

Vrai, mon ange?... Ah! tant mieux, vous me faites plaisir!
Votre bonheur sur terre est mon plus grand désir,
Si bien que, tout d'abord vous voyant insensible,
J'ai cru...

DOLORÈS, avec désespoir.

Me croire ingrate?... O ciel!... est-ce possible?..

ROSAURA.

Comment! mais pas du tout; vous me comprenez mal;
Je parle seulement de votre air glacial,
Quand Louis d'Avila, ce parti qu'on envie,
Met sous vos pieds charmants sa fortune et sa vie;

Et je m'étonne un peu d'un semblable maintien.
Quand vous savez aussi que son rêve est le mien ;
Il me serait si doux d'enlacer sur ma tombe
Les deux seuls rejetons du vieil arbre qui tombe,
Et de pouvoir encor, malgré mes soixante ans,
Réjouir ma vieillesse avec vos deux printemps !

DOLORÈS.

Oh ! c'est presque un remords !... N'insistez pas... Je tremble
De payer d'un refus tant de bontés ensemble !...

ROSAURA.

Vous !...

DOLORÈS, hésitant de plus en plus.

Le ciel m'est témoin que je brise, à regret,
Ce rêve où, tout entier, votre cœur apparaît !...

ROSAURA, vivement.

Mais ce rêve est charmant ! Qu'a-t-il donc qui vous blesse ?

DOLORÈS, luttant toujours.

Madame... une autre fois... épargnez ma faiblesse...
Plus tard, vous saurez tout...

ROSAURA.

Pourquoi pas aujourd'hui ?...
C'est à moi, s'il se peut, de calmer votre ennui...

DOLORÈS.

Mais...

ROSAURA.

Vous doutez alors de ma sagesse même ?

DOLORÈS.

De grâce !...

ROSAURA, avec autorité.

Expliquez-vous !

DOLORÈS, d'une voix tremblante.

C'est un autre que j'aime.

ROSAURA, au comble de la surprise.

Un autre!...

(Appuyant.)

Et mon cousin, par « cet autre » effacé...

DOLORÈS, naïvement.

C'est à quoi, jusqu'ici, je n'ai jamais pensé.

ROSAURA.

Pourtant!...

DOLORÈS.

Je ne veux point les comparer...

ROSAURA, avec ironie.

En somme,
Il a donc, à la fois, tous les charmes, cet homme?...

DOLORÈS.

Je l'aime!

ROSAURA, de même.

Avec son rang, sa fortune est d'accord?

DOLORÈS.

Je l'aime!

ROSAURA.

Ah! la pauvrette, elle est bien jeune encor!

(Se retournant vers elle.)

Son nom?

DOLORÈS, tremblante.

Plus tard, madame!...

ROSAURA, sévèrement.

Il est noble, sans doute?

DOLORÈS, se redressant avec fierté.

Marquise, est-il besoin que ce mot-là s'ajoute!...

ROSAURA.

Pardon, j'allais trop loin; mais ces temps sont passés;
Nous vivons à Tolède, et ce n'est plus assez!
Héritière, aujourd'hui, qu'on admet chez les reines,
Il vous faut fixer l'œil vers les clartés sereines,

Sans traîner désormais, sur vos pas incertains,
Ce bagage inouï de rêves enfantins!
En ce monde, ma chère, une fille bien née
Doit élargir son âme avec sa destinée,
Et c'est fort indécent — je vous le dis tout net —
De parler de son cœur, comme le peuple fait!
Vous peserez un peu cet avis salutaire.

DOLORÈS, à part.

Laura n'avait pas tort; il vaut bien mieux se taire!

SCÈNE VI

LES MÊMES, LE MARQUIS D'AVILA.

ROSAURA, apercevant le marquis.

Cousin, mes compliments!... C'était joli, joli!...

D'AVILA, s'inclinant, et jetant un regard à Dolorès immobile.

C'est trop indigne encor de l'objet accompli!...

(Bas, à Rosaura.)

Toujours froide?

ROSAURA, bas à d'Avila.

Toujours!... mais on la catéchise.

D'AVILA, se retournant, à part.

Je prendrai le moyen qui reste, la franchise.

(A Dolorès.)

Sans doute, il appartient aux belles comme vous
De tenir leur amour bien au-dessus de nous,
Et l'homme dédaigné, gardant pour lui sa honte,
Doit subir ces rigueurs sans en demander compte!

DOLORÈS, confuse.

Marquis!...

D'AVILA.

Contre l'arrêt je ne murmure point;
Mon but est simplement d'éclaircir un seul point...

J'ai, contre mon bonheur, mon passé qui conspire !
On vous a dit...

DOLORÈS, surprise.

A moi ?

D'AVILA.

Certe, on a dû vous dire
Que dans ma frénésie et mon aveuglement...

DOLORÈS, interrompant.

Arrêtez ! plus un mot ! j'ignore tout, vraiment,
Et je n'ai pas le droit d'écouter davantage !

D'AVILA, insistant.

Pardon, la ville en glose, et, grâce au caquetage,
Vous connaissez l'amour dont on m'accuse encor,
Doña Laura...

DOLORÈS, riant.

Laura ? — mais, c'est ma sœur, d'abord !
Mais vous le savez bien ! — qu'on affirme ou qu'on nie,
Je la mets au-dessus de toute calomnie !...

D'AVILA.

Je vous ai dit la chose avec sincérité,
Dans la crainte qu'un jour, fardant la vérité,
Le monde ne transforme en intrigue établie
Ce qui ne fut jamais qu'une ombre de folie,
Le rêve d'un instant, pour toujours envolé !
Et, s'il faut une preuve, après que j'ai parlé,
Observez par vous-même, et voyez autour d'elle
L'adorateur juré, le papillon fidèle !...
C'est un nouveau venu, c'est un soldat du roi,
Don Fernand...

DOLORÈS, avec feu.

Lui ? jamais !... c'est impossible !

D'AVILA, interdit.

Quoi !

DOLORÈS.

Vous vous trompez, marquis !

ROSAURA, à Dolorès.

Quelle ardeur est la vôtre !

DOLORÈS, se retournant vers elle.

Mais c'est les outrager, madame, l'un et l'autre !

D'AVILA, ouvrant les bras.

Pouvait-on deviner que cela vous blessait ?
Je n'ai dit, après tout, que ce que chacun sait...

DOLORÈS, vivement.

Chacun sait mal !

D'AVILA, s'inclinant.

Fort bien ! vous êtes prévenue...
Et ma franchise, enfin, se serait contenue
Si j'avais pu m'attendre à de pareils éclats...
Mais vous aurez la preuve...

DOLORÈS, se détournant.

Et je n'y croirai pas !

(D'Avila salue avec embarras.)

ROSAURA, bas à d'Avila.

Restez là !

(Il se retire au fond.)

SCÈNE VII

ROSAURA, DOLORÈS.

ROSAURA.

Que vous fait ce don Fernand ?

DOLORÈS, emportée malgré elle.

Je l'aime !

ROSAURA, joignant les mains.

Lui ? comment ? taisez-vous, c'est m'offenser moi-même
Préférer un soldat qui n'a rien que son nom
Au marquis, mon cousin !... vous êtes folle !...

DOLORÈS, avec calme.

Non,
Car je l'aimais, madame, avant de vous connaître !...

ROSAURA, indignée.

Mais lui!...

DOLORÈS.

J'ai sa promesse.

ROSAURA, avec ironie.

Et vous croyez, peut-être,
Qu'établi dans Tolède en homme triomphant,
Il va quitter Laura?... Vous êtes un enfant!

DOLORÈS, se récriant.

Mon amie!...

ROSAURA.

Allons donc!

DOLORÈS.

Mon fiancé!...

ROSAURA.

Cher ange!
Un fiancé bâti sur un modèle étrange!
Un amoureux à part dans la création!
Il y met, jusqu'ici, de la discrétion;
Ses pieds n'ont point usé le seuil de notre porte;
Il brûle... de très-loin!...

DOLORÈS.

S'il pense à moi, qu'importe?
Je le connais, madame; il hésiste, étonné,
Devant l'éclat nouveau que vous m'avez donné;
Il craint que ce bonheur ne m'ait tourné la tête;
Il ne voudra t jamais, tant son cœur est honnête,
Jeter dans la balance où flottent mes destins,
Le poids inattendu des souvenirs lointains;
Il me veut forte et libre, à cet instant suprême;
Car, celle à qui sa voix murmura : « Je vous aime! »
Celle à qui, jeune encor, il offrait son appui,
Était humble, madame, et pauvre comme lui!
Dès qu'il a vu sur moi vos bontés se répandre,
Il n'est pas revenu; c'est à moi de l'attendre!

ROSAURA.

Folie! extravagance! imaginations!
L'amour franchit, d'un bond, ces démarcations!
Le cœur ne connaît pas toutes ces convenances,
Et de pareils égards sont des impertinences!
S'il souffrait tant, vous dis-je, il se déclarerait;
Le condamné, du moins, frémit sous son arrêt.
Le feu ne s'éteint pas sans jeter plus de flamme :
On est jaloux, enfin, quand on aime une femme!

DOLORÈS, interdite.

Vous croyez?...

ROSAURA.

Mais, sans doute; essayez seulement
De montrer au marquis un peu d'empressement...
Que ce soldat vous voie; alors, sans équivoque,
S'il reste calme encor, vous saurez qu'il s'en moque!

DOLORÈS.

Ah! c'est un jeu cruel!...

ROSAURA.

Essayez!

DOLORÈS.

Je ne puis!

ROSAURA.

Vous n'osez pas tirer la vérité du puits!

DOLORÈS.

Marquise!...

ROSAURA.

Vous craignez quelque mésaventure?

DOLORÈS.

Je ne crains rien, madame; il m'aime, j'en suis sûre!
J'accepte...

ROSAURA, lui montrant d'Avila qui cherche à se rapprocher.

Abordez donc mon cousin, le voilà!

DOLORÈS, avec frayeur.

Pas encor!...

ROSAURA.

Et pourquoi?

DOLORÈS, naïvement.

Don Fernand n'est pas là!

ROSAURA, souriant.

L'épreuve étant pour vous de si haute importance,
Il vaut mieux, comme essai, vous y rompre — à distance!...

(Elle l'entraine vers d'Avila.)

SCÈNE VIII

LES MÊMES, LE MARQUIS D'AVILA, puis FERNAND.

ROSAURA, à d'Avila.

Cette chère petite a regret maintenant
D'un éclat qui d'ailleurs n'avait rien d'étonnant,
Puisqu'elle défendait la cause d'une amie!

(Bas, à d'Avila.)

Elle est à son endroit beaucoup moins affermie!

D'AVILA, haut, s'inclinant.

A moi seul le remords d'un imprudent aveu!...

ROSAURA, bas à Dolorès.

Répondez donc, ma belle, et souriez un peu;
Il faut perdre à présent cette pose accablée!...

(Haut, à d'Avila.)

Figurez-vous, marquis, vous l'avez tant troublée,
Qu'elle n'a pu vous dire à quel point est charmant
Cet air...

(Bas, à Dolorès.)

Mais allez donc!

D'AVILA, s'inclinant.

Peu de chose, vraiment!

DOLORÈS, balbutiant.

Tant de soins empressés, marquis... j'en suis confuse...
Je connais peu le monde!... et c'est là mon excuse...
Plus tard je dirai mieux...

ROSAURA.

Mais...

DOLORÈS, apercevant Fernand au fond.

Fernand vient ici...
Je ne veux plus.

(Elle salue et rentre chez elle.)

ROSAURA, en souriant à d'Avila.

L'enfant!

(Elle suit Dolorès.)

D'AVILA.

Bah! toutes font ainsi!
Parbleu! c'est au mari qu'elle dira le reste.

SCÈNE IX

LE MARQUIS D'AVILA, FERNAND, puis MANRIQUE, CÉLIO, LE SEIGNEUR et PROMENEURS, ROSAURA et DOLORÈS, sur le balcon.

FERNAND, frappant sur l'épaule de d'Avila, qui va pour suivre les dames.

Deux mots!

D'AVILA, se retournant.

Que voulez-vous? Cet abord assez leste...

FERNAND, avec force.

Moi, don Fernand...

D'AVILA, avec ironie.

Pardon! j'entends fort bien. Plus bas!
— Le rustre!

FERNAND.

Ah! jour de Dieu! j'ai les nerfs délicats...
Aujourd'hui notamment, des pieds jusqu'à la tête!...

D'AVILA, s'en allant.

Soignez-vous — c'est un mal qui ne rend pas honnête !

FERNAND, lui barrant le passage.

On l'est toujours assez pour vous parler ce soir!

D'AVILA, s'arrêtant.

Plaît-il?

FERNAND, croisant les bras.

Je suis de ceux qui n'aiment point à voir
De jeunes damoiseaux flanqués de vingt guitares
S'exposer dans la brume à gagner des catarrhes,
Pour troubler sottement, de leurs flonflons épais,
La place où, vers la nuit, on peut rêver en paix!...

D'AVILA, raillant.

C'est ici le boudoir de Votre Seigneurie ?

FERNAND.

Vous vous en souviendrez désormais, je vous prie !

D'AVILA, de même.

Et ma pauvre musique a pour vous peu d'attrait?
Vous n'avez pas compris — voilà tout le secret!

FERNAND, se rapprochant.

Moi?...

D'AVILA.

Pour vous l'inculquer d'une façon plus sûre...

(Il tire son épée et l'agite comme un bâton.)

Je vais sur votre dos en marquer la mesure!...

FERNAND, se reculant, avec un rire terrible.

Ah!

(Tirant son épée.)

Je te tiens enfin!...

(Les fers se croisent.)

DOLORÈS, sur le balcon, éperdue.

Ciel!

ROSAURA, même jeu.

Arrêtez!

CÉLIO et MANRIQUE. (Ils accourent du fond et se jettent sur Fernand.)

Fernand !...

LE SEIGNEUR, arrêtant d'Avila.

Marquis !...

(Des amis accourent de part et d'autre.)

D'AVILA, agitant son épée et parlant à Manrique.

Laissez-moi donc, vous êtes étonnant !
Quand j'allais lui donner, sous la forme pratique,
Sa première leçon de gamme chromatique !

FERNAND, se débattant dans les bras de Célio.

Misérable !

D'AVILA. (Il remet son épée au fourreau et se laisse emmener, en riant, par ses amis.)

A demain !... si vos nerfs sont d'aplomb !

FERNAND, l'épée à la main, voulant courir à lui.

Tout de suite ! attends-moi ! je ne serai pas long !

D'AVILA, se retournant de loin.

Le galant me paraît désireux qu'on le daube !...
(Avec calme.)
A demain !...

FERNAND, rugissant de colère.

A demain !

D'AVILA.

Sous le rempart.

FERNAND, le menaçant de son épée.

Dès l'aube !

(D'Avila sort par le fond, entouré de ses amis. — Dolorès et Rosaura disparaissent du balcon.)

SCÈNE X

FERNAND, CÉLIO, MANRIQUE, CAVALIERS.

(La nuit arrive par degrés.)

CÉLIO, à Fernand.

Calme-toi !

FERNAND, à Célio et à Manrique.

Mes amis, vous avez eu grand tort;
Je le tenais si bien!... c'était un homme mort!

CÉLIO.

Sur la place! — allons donc! — devant le populaire!

MANRIQUE.

Braver l'édit du prince, et toute sa colère!

FERNAND, furieux.

Un jeune fat!...

CÉLIO.

Demain tu peux compter sur nous.

FERNAND, remettant violemment son épée au fourreau.

Merci!

CÉLIO, cherchant à l'entraîner.

Rentre chez toi.

FERNAND.

Non — cet air est si doux!

(Ôtant son chapeau.)

J'ai besoin du vent frais qui passe sur ma tête!...

MANRIQUE, insistant.

Il faut se reposer.

FERNAND, souriant.

La veille d'une fête?
A quoi bon? — Si je meurs, j'aurai le temps après!

MANRIQUE, haussant les épaules.

Quelle idée!...

CÉLIO.

Un bon somme assouplit les jarrets:
Viens donc.

FERNAND.

Non, Célio; je ne dormirai guère!
Je veux, sous le ciel nu, camper comme à la guerre;

(Prenant Célio à part.)

Car je ne suis pas sûr, si je ferme les yeux,
Qu'un songe me l'apporte. — Et, du moins, en ces lieux,
Debout, toute la nuit, j'aurai le cœur plein d'elle!...

MANRIQUE, s'exclamant.

Tu vas monter la garde en Amadis fidèle?

FERNAND, sans l'entendre.

Si je pouvais la voir!

CÉLIO, souriant.

Dans son lit parfumé,
Elle dort. — Fais comme elle!

FERNAND, avec amertume.

Oh! tu n'as pas aimé!

CÉLIO, vivement.

Et je m'en sauverai jusqu'au bout, je l'espère!

FERNAND, le quittant avec un geste de la main.

A bientôt!

(Revenant à lui vivement.)

Si je tombe, avertis mon vieux père!...

(Il s'éloigne et revient encore.)

Doucement, Célio, car il n'a plus que moi!
Sa maison n'est pas loin ; tu la connais, je croi...
Occupé follement par l'amour qui m'entraîne,
Il faut bien l'avouer, je ne l'ai vu qu'à peine,
Lui qui, depuis cinq ans, attendait mon retour!...

(Haut, à Manrique et aux autres.)

Adieu! — Nous parlerons à ce galant de cour!...

MANRIQUE, à Célio.

Comprend-on le plaisir de bayer aux corneilles?

(Ils sortent tous par la rue de gauche.)

SCÈNE XI

FERNAND, seul, adossé contre un arbre à gauche de la place. Il fait nuit.

Si j'osais!... tout mon sang bruit à mes oreilles!...

(Regardant à gauche.)

Ici, dans cette rue, à deux pas seulement,
Elle dort!..

(Avec entraînement.)

Oh ! la voir, en son calme charmant!...
De peur de l'éveiller, retenir mon haleine!...
Puis, comme un gai soldat qui marche par la plaine,
Tout couvert de lumière, aux premiers feux du jour,
M'élancer au combat, sous un rayon d'amour!...

(D'un ton découragé.)

Hélas! mon rêve expire à sa porte fermée!...

(Il reste plongé dans ses méditations.)

SCÈNE XII

FERNAND, à gauche, caché par l'arbre et par l'obscurité. — DOLORÈS, arrivant par le fond de droite.

DOLORÈS, à demi voilée de sa mantille, chancelante, incertaine, la voix saccadée.

Seigneur! protégez-moi!.. De craintes consumée,
J'ai fui!...

(Se retournant vers la maison de Rosaura.)

Nul ne le sait...

(Regardant autour d'elle.)

Comme le ciel est noir!

(Cherchant à percer l'obscurité.)

Où le trouver?... Ce duel... mon Dieu!... Je veux le voir!...
Quelque part, au palais, chez le roi, que m'importe!...
J'aurai tant de sanglots, qu'on m'ouvrira la porte!

(Avec effroi.)

J'entends son cri terrible... et je vois son regard
Quand, l'épée à la main...

(Faisant quelques pas au hasard.)

Si j'arrivais trop tard!...
Courons!. .

(Hésitant.)

Par quelle route?...

(Tordant ses bras.)

Ah! l'horrible supplice!
S'il faut qu'au point du jour la lutte s'accomplisse,
Fernand peut y mourir, et je l'aurai perdu!

(Regardant à terre, avec horreur.)

Sans ce groupe d'amis qui, près d'eux, s'est rendu,
J'aurais du sang aux pieds, à cette même place!

(Avec énergie.)

Oui — je veux lui parler, cette nuit, face à face,
Lui crier que je l'aime, et que ce jeu trompeur...

(Elle se dirige vers la gauche et s'arrête tout à coup.)

Quelqu'un!... des pas, dans l'ombre...? Effaçons-nous —
[j'ai peur!...

(Cachée et le cou tendu.)

On approche!...

SCÈNE XIII

DOLORÈS, FERNAND, LAURA.

LAURA, d'une voix mystérieuse.

Fernand?... êtes-vous là?...

FERNAND, se détachant de l'arbre, comme une ombre.

Cher ange

DOLORÈS, à part, toute bouleversée.

Cette voix!...

(On entend Fernand embrasser la main de Laura.)

Un baiser!... mais... c'est un rêve étrange!...

FERNAND, à Laura.

Oh! seule, dans la nuit, venir comme cela!

DOLORÈS, à part.

Je suis folle! — Fernand!...

(Mettant sa main à sa gorge.)

J'ai quelque chose là!...

LAURA.

J'étais à mon balcon, toute préoccupée,
Quand les mots de combat — de rendez-vous — d'épée,
Sont montés jusqu'à moi, comme un bourdonnement...
Manrique et Célio passaient en ce moment;
L'ombre des orangers me cachait tout entière...
J'écoutai — j'appris tout — votre attaque si fière,
Et l'obstination qui vous retient ici...
Je suis venue à vous — c'est tout simple.

FERNAND, transporté.

Merci!

LAURA, à part.

Parfois, on entend mal — j'ai voulu voir moi-même...

FERNAND.

Oh! je sais maintenant que vous m'aimez!

DOLORÈS, d'une voix éteinte, à part.

Il l'aime!...

LAURA, d'un ton de reproche.

Cependant, je devrais vous sermonner bien fort
Pour cette violence, où vous avez eu tort!

FERNAND.

Je ne pouvais plus vivre à côté de cet homme!

LAURA, d'un ton conciliant.

Pourquoi?

FERNAND.

N'insistez pas... Il est trop tard, en somme!

LAURA, sentencieusement.

Quand le doute, une fois, vient au cœur s'attacher!

FERNAND, l'interrompant.

C'est une mauvaise herbe — il vaut mieux l'arracher...
J'ai comme un poids de moins... depuis cette querelle!...

DOLORÈS, à part, anéantie.

Ce n'était pas pour moi, mon Dieu, c'était pour elle!

LAURA, comme cédant à la fatalité.

Puisque rien, désormais, ne vous arrêtera,
Veillez à vous, Fernand...

FERNAND, souriant.

Madame, on le fera!...

(Tombant à ses pieds.)

Mais qu'importe la mort — si vous m'aimez une heure!

LAURA, s'écartant.

Adieu!...

(Elle fait quelques pas vers la gauche.)

FERNAND, déconcerté.

Vous me fuyez!...

LAURA, souriant.

Je gagne ma demeure,
Ne pouvant pas rester, ici, jusqu'à demain!...

FERNAND, courant à elle.

Pardon!... je suis à vous, donnez-moi votre main...

(Il veut lui offrir son bras.)

LAURA.

Quoi donc? m'accompagner! vous oubliez, sans doute...

FERNAND, souriant.

Non pas,

(Montrant la rue de gauche.)

Je me souviens que voici votre route...

LAURA, très-inquiète.

Comment?

FERNAND

Et que ce bras doit vous servir d'appui;
Car, vous le savez bien, c'est mon rôle aujourd'hui.

(Passant doucement son bras sous le sien.)

Vous l'avez dit vous-même...

(Minuit sonne.)

LAURA, effrayée.

Entendez-vous?...

FERNAND, souriant.

Qu'importe!

LAURA, dégageant vivement son bras.

Minuit!... c'est impossible!...

FERNAND, suppliant.

Au seuil de votre porte!

LAURA, d'un ton désespéré.

Fernand, vous abusez... si j'avais su d'abord...
Adieu!...

FERNAND.

Je vous promets...

LAURA.

Laissez-moi!

(Elle sort.)

FERNAND.

Par la mort!
J'oserai cette fois; c'est mon droit, ce me semble.

(Il la suit.)

SCÈNE XIV

DOLORÈS, seule.

Il la rejoint!... Fernand!... Ah! Dieu! partis ensemble!

FIN DU DEUXIÈME ACTE.

ACTE TROISIÈME

Dans le palais du roi. — Grande antichambre ou galerie fermée du côté des appartements de la reine. — Une grande porte au fond. — Une autre à gauche. — Une troisième à droite — C'est le matin.

SCÈNE PREMIÈRE

MANRIQUE, PLUSIEURS GARDES.

MANRIQUE.

(Il est entouré d'un groupe de gardes qui l'interrogent du regard et l'écoutent avec la plus grande anxiété.)

Mon Dieu! — voici le fait — c'est bizarre, entre nous :
Avec don Célio, j'étais au rendez-vous:
Fernand vient; l'aube à peine avait blanchi l'espace,
Point de marquis encore — on attend — l'heure passe.
Nous restons là toujours — quand, débouchant d'un bois,
Un gros de cavaliers nous cerne tous trois;
Fernand, qui voit dès lors sa vengeance trompée,
S'indigne... Ordre du roi de rendre son épée!
On le presse — on l'entraîne — on parle vaguement
D'un crime... Voilà tout, messieurs, pour le moment.

(Frémissement confus des gardes.)

UN GARDE.

C'est une erreur, vous dis-je.

MANRIQUE.

Ou quelque stratagème!
Tous ces marquis de cour ont une peur extrême
D'exposer leur peau fine à des désagréments;
Nos lames coupent trop pour ces hommes charmants,

Et ce n'est plus leur fait sitôt qu'un camarade
Fouette avec son fer nu leur broche de parade!

(On rit; il se tourne vers la porte de gauche et montre à tous Célio qui entre.)

Célio!...

(Le regardant avec surprise.)

Cette joie... et ces yeux éclatants!...

SCÈNE II

LES MÊMES, CÉLIO.

CÉLIO.

Vive Dieu! c'est superbe! on en rira longtemps!...

MANRIQUE.

Qu'as-tu?...

CÉLIO, à tout le monde.

Savez-vous bien de quel crime on l'accuse?...

(Après une pause.)

D'un assassinat!...

UN GARDE, au milieu de la stupéfaction générale.

Lui?

CÉLIO, appuyant.

D'un vrai meurtre!...

(Tous se regardent interdits.)

MANRIQUE, aux autres gardes.

Il s'amuse!

CÉLIO, avec une gravité comique.

Non pas!

MANRIQUE.

Qui donc est mort?

CÉLIO.

Le marquis d'Avila!

MANRIQUE, avec tous les gardes.

Le marquis!...

CÉLIO, faisant le geste sur Manrique.

Transpercé d'un coup comme cela,
Dans le dos — lâchement!...

MANRIQUE, avec force.

C'est impossible à croire!

CÉLIO, avec gravité.

Rien de plus sérieux que le fond de l'histoire.

MANRIQUE, haussant les épaules.

Il faudrait supposer qu'hier, en nous quittant,
Fou de colère encor!...

CÉLIO.

C'est ce qu'on dit pourtant!

MANRIQUE, insistant.

Mais puisqu'il s'obstinait à rester sur la place!

CÉLIO.

Ce fait viendrait en aide au soupçon qui l'enlace...
Joins-y cette querelle assez hors de saison,
Si bien qu'on a cherché d'abord dans sa maison...

MANRIQUE, inquiet.

Sans le trouver?

CÉLIO.

Parbleu!... l'heure, ensuite...

UN GARDE, vivement.

Quelle heure?

CÉLIO.

Minuit, quand le marquis rentrait dans sa demeure.

MANRIQUE, ébranlé.

Tout cela, j'en conviens, s'accorde étrangement!

CÉLIO.

Ajoute, si tu veux, pour dernier argument,
Qu'au cri de la victime, on a vu fuir dans l'ombre,
Un homme à long panache, avec un manteau sombre!

MANRIQUE, éclatant.

Son costume!

CÉLIO, souriant.

Un moment! vas-tu douter de lui?

MANRIQUE, se reprenant, avec embarras.

Non!... mais, je comprends moins ta gaîté d'aujourd'hui!

CÉLIO, avec enthousiasme, à Manrique et aux gardes consternés.

Pourquoi donc?... je veux rire, à gorge déployée,
D'une accusation tellement fourvoyée,
Et ma gaîté vaut mieux que votre désarroi,
Quand un pareil soupçon frappe un soldat du roi!
Si quelqu'un reprochait à notre camarade
D'avoir, par aventure, en un jour d'algarade,
Un peu pillé la veuve, ou brûlé l'orphelin...
Vive Dieu! j'aurais peur, le diable est si malin!
Mais qu'on me fasse, à moi, cette histoire incongrue
D'un officier d'Espagne embusqué, dans la rue,
Comme un rôdeur de nuit, pour un meurtre acheté...
Je suis tranquille au fond — c'est une lâcheté!

SCÈNE III

LES MÊMES, FERNAND, PLUSIEURS SOLDATS.

(Don Fernand entre par la porte du fond, pâle, abattu, sans épée, accompagné de quatre soldats. — Deux restent extérieurement à la porte du fond, qui se referme sur eux.)

UN GARDE.

Le voilà! le voilà!...

MANRIQUE, à demi-voix.

Ce piquet qui l'escorte...

FERNAND, d'une voix triste et grave, en désignant les soldats.

Ils ont l'ordre du roi pour veiller à la porte.

CÉLIO, se précipitant vers Fernand.

Eh bien, parle! comment? — c'est absurde, on le sait —
A minuit! par surprise! un homme qui passait!
Toi, Fernand!... Vive Dieu!... mais l'erreur est palpable!

FERNAND, lui tendant la main.

Merci, don Célio!...

(Avec fermeté.)

Je ne suis point coupable.

CÉLIO.

Vous entendez ce mot!

(Se retournant avec joie vers Manrique.)

Je te l'avais bien dit!

MANRIQUE, bas à Célio.

Ce mot pour tout le monde aurait plus de crédit,

(Montrant Fernand et les portes gardées.)

Sans les précautions qu'à sa suite on étale!...

CÉLIO, haut à Fernand.

Ne peux-tu donc prouver qu'à cette heure fatale?...

FERNAND, l'interrompant.

Oui — fatale, en effet — c'est la fatalité!

CÉLIO, avec un peu d'humeur.

Un mot qui sonne creux dans la réalité!
Un nuage impuissant que la volonté chasse!...

FERNAND, avec mélancolie.

Pas toujours, Célio, parfois la foudre y passe!...
C'est lutter vainement, si mon sort est marqué!

UN GARDE.

Quelle explication?...

FERNAND, froidement.

Je n'ai rien expliqué.

CÉLIO, insistant.

Tu peux dire, du moins, où ta nuit s'est passée.

FERNAND, avec énergie.

Jamais!

MANRIQUE.

Quelqu'un t'a vu, vers cette heure avancée

FERNAND.

Personne !

CÉLIO, avec terreur.

Mais, le roi !... sais-tu que je crains fort...

FERNAND, avec mélancolie.

Le roi me donne une heure à réfléchir encor...
Et, par une bonté dont j'ai l'âme attendrie,
Il me laisse avec vous dans cette galerie,
Espérant qu'au milieu du cercle accoutumé,
Je romprai le silence où je suis enfermé...
Après...

CÉLIO, vivement.

Tu parleras !

FERNAND.

Non ; je n'ai rien à dire !

MANRIQUE, avec une ironie sévère.

Eh bien, don Célio, crois-tu qu'il faille en rire?

CÉLIO, très-inquiet.

Quelque obstacle imprévu lui barre le chemin...
Cela se voit, Manrique; on saura tout demain...

(Courant à Fernand.)

Tu parleras, te dis-je !...

(Revenant à Manrique.)

Il va parler !...

MANRIQUE, froidement.

Je pense
Que cet homme a raison de garder le silence !

FERNAND, avec amertume.

L'amitié de Manrique est fidèle au bonheur !

MANRIQUE.

L'amitié de Manrique est fidèle à l'honneur,
Et sait mourir, du moins, le jour qu'on l'a trompée !...

FERNAND, avec tristesse.

Tu peux continuer, je n'ai plus mon épée !

CÉLIO, se précipitamt vers Fernand.

Mais j'ai la mienne, moi, pour te venger ici!..

(Regardant Manrique en face.)

A nous deux!...

MANRIQUE.

A nous deux, quand tu voudras.

(Il s'écarte à gauche, en saluant.)

FERNAND, serrant la main de Célio.

Merci!

CÉLIO, entraînant Fernand sur le devant de la scène.

Ne crains rien, don Fernand. — Le soleil, je te jure,
Ne se lèvera pas demain sur cette injure!
Ton honneur est pour moi comme un dépôt sacré
Dont j'ai la garde seul, et que je défendrai,
En attendant qu'un jour ton bras puisse le faire!...

(Changeant de ton.)

Mais à moi, ton ami, ton compagnon, ton frère,
A moi qui sais ton âme et qui n'ai pas douté,
Don Fernand, tu diras toute la vérité!...
Tu le dois!...

FERNAND, d'un ton de reproche.

Célio!...

CÉLIO, haletant.

Pressons-nous!... le temps vole!...

FERNAND, avec fierté.

Pour me croire innocent, n'as-tu point ma parole!...

CÉLIO.

J'en conviens... mais... pourtant...

FERNAND, l'arrêtant.

J'ai tout dit; c'est un tort
De frapper, pour qu'on ouvre, à la porte d'un mort!

CÉLIO, désespéré.

Quand un seul mot de toi peut éclaircir les choses!
Cette obstination...

FERNAND.

Sans doute, elle a ses causes...

CÉLIO, avec instance.

Fernand !...

FERNAND.

N'insiste plus !

CÉLIO, lui pressant les mains.

Pour la dernière fois !...
Au nom de mes sanglots, qui font trembler ma voix !...
Par ma vieille amitié !...

FERNAND, détournant la tête.

Je ne puis...

CÉLIO, avec terreur.

Tu refuses !...

(Après un instant d'anéantissement, il se retourne vers la gauche et marche vers Manrique avec gravité, la tête baissée, le chapeau à la main.)

Pardon, seigneur Manrique ; acceptez mes excuses !
Si ce mot peut, du moins, calmer votre courroux !..

MANRIQUE, lui serrant la main et s'adressant aux gardes.

Nous ne nous battrons pas ; il pense comme nous !...

(Tous sortent par la gauche. — Célio est courbé sous sa douleur.)

SCÈNE IV

FERNAND, seul, avec mépris, les regardant sortir.

Partez, cœurs chancelants, dont la foi n'est qu'un leurre !
Votre désertion ne vaut pas qu'on en pleure !
Je pourrai bien sans vous me coucher au cercueil...
L'ami qui m'est resté s'appelle mon orgueil !

(Avec un geste dédaigneux, vers la porte de gauche.)

Non, non, ma loyauté n'a pas de compte à rendre ;
J'obéis à des lois qu'ils ne sauraient comprendre,

Et je ne voudrais pas, moi qui connais mon sort,
Descendre à leur niveau, des hauteurs de ma mort?
Sois tranquille, ange aimé!... Ne craignez rien, madame!
La peur n'arrive plus où j'ai placé mon âme;
O honte! être à ce point misérable et sans cœur
De racheter mes jours au prix de son honneur!
Pour qu'on ne verse pas mon sang, — faire à sa joue
Monter le sien!... jamais!... Condamné qu'on bafoue,
J'irai, la corde aux mains, vers l'échafaud tout noir...
Et te pressant au bas, peuple, tu pourras voir
Tomber plutôt — sanglante, impassible et farouche,
Ma tête, de mon corps — que son nom, de ma bouche!

(Avec émotion.)

Et quand, un jour — bien loin de ces temps engloutis,
Vous songerez, madame, à ceux qui sont partis,
Si quelque souvenir de moi vient à renaître,
Vous ne rougirez pas... vous pleurerez, peut-être!...

(Apercevant don Pèdre de Torrès, qui entre par le fond.)

Mon père!...

(Il se précipite vers le vieillard.)

Oh! dans mes bras, laisse-moi te presser!

SCÈNE V

FERNAND, DON PÈDRE DE TORRÈS.

DON PÈDRE, avec joie, et les yeux au ciel.

Mon fils n'est pas coupable — il ose m'embrasser!

FERNAND, haletant.

Non, mon père! ils ont cru... c'est une erreur profonde!...

DON PÈDRE, comme soulagé d'un grand poids.

Va! ce mot me suffit!... je respire!...

(Avec dignité.)

En ce monde,

Les biens comme les maux sont au hasard du jeu;
Mais l'innocence est calme et peut compter sur Dieu!
S'il permet, par instants, les fatalités sombres,
Il sait, il sait, mon fils, en dissiper les ombres,
Car, de ses bras tendus sur notre humanité,
L'un porte le soleil — l'autre, la vérité!...

FERNAND, d'une voix sourde.

Il est des antres noirs — des gouffres solitaires
Dont le soleil jamais ne sonde les mystères!

DON PÈDRE, inquiet.

Mon fils!...

FERNAND.

De tels secrets, père, que nous voyons
La vérité puissante y briser ses rayons!...

DON PÈDRE.

Désespérer ainsi!...

FERNAND.

Tout est perdu!

DON PÈDRE.

Qu'entends-je?

FERNAND.

Tu ne peux pas savoir!... c'est un dédale étrange!...
Un piége où, cette nuit, mon honneur est tombé,
Si bien qu'il va mourir, dans la honte embourbé,
Puisqu'il n'a pas d'issue, et qu'enfin je dois être,
Si je me tais, un lâche — et si je parle, un traître!

DON PÈDRE, épouvanté.

Toi? Comment? La douleur égare ta raison!...

FERNAND.

Je dis qu'un mot de plus est une trahison!
A quoi bon secouer le destin qui m'opprime?

DON PÈDRE, sévèrement.

La langue est sans terreur, quand le bras est sans crime;
Ton nom, sur cet écueil, doit planer triomphant!

FERNAND, avec désespoir.

Jamais!

DON PÈDRE, avec autorité.

L'honneur l'ordonne!

FERNAND, cachant sa tête dans ses mains.

Et l'honneur le défend!

DON PÈDRE, d'une voix tonnante.

Est-ce l'honneur, infâme? Et crois-tu, d'aventure,
Tromper ma conscience avec ton imposture?

FERNAND, courant à lui.

Grâce!...

DON PÈDRE, se reculant, avec un geste indigné.

Retirez-vous — et ne me touchez pas!
Les assassins n'ont droit qu'au soufflet des soldats!...

(Se reculant encore vers le fond.)

J'ai vécu trop longtemps — votre mère est mieux morte.
Je pars, — de ma maison je vais clouer la porte,
Et pour finir en paix, dans ce réduit glacé,
Laver la place au mur où votre ombre a passé!...

FERNAND, éclatant.

C'en est trop... Le secret que je porte en mon âme,
C'est que, pour me sauver, je dois perdre une femme,
Et que ce fils affreux, dont on rougit si fort,
Craint une lâcheté — plus qu'il ne craint la mort!

DON PÈDRE, s'arrêtant, étonné.

Une femme?...

FERNAND, troublé et cherchant ses souvenirs.

Attendez!... voilà! — mon Dieu! j'oublie.
L'époux absent... j'entrai chez elle... une folie!...
J'ai bravé son courroux... rien de plus, croyez-moi;
Le tort est à moi seul.

(Don Pèdre a l'air de douter.)

Je suis de bonne foi!...
Devant Dieu qui m'entend!...

DON PÈDRE, d'une voix sourde.

Mais quel rapport, en somme?

FERNAND.

J'étais chez elle, à l'heure où l'on tuait cet homme!

DON PÈDRE.

D'où vient qu'on vous accuse?

FERNAND, avec un rire amer.

Oh! c'est facile à voir!
Quelques mots échangés — un défi, l'autre soir,
Quand le marquis passait sur la place publique...
Il meurt — je l'ai tué!... la preuve est sans réplique!

DON PÈDRE, haussant les épaules.

Et cette femme hésite à sauver son amant?

FERNAND, effrayé.

Pas ce mot-là! Non, non, c'est une erreur!

DON PÈDRE.

Comment?

FERNAND, avec force.

Ma félonie au fond serait d'autant plus noire,
Qu'elle n'est pas coupable, et qu'on voudra le croire,
Quand c'est malgré son ordre, ou mieux, par trahison,
Que j'ai franchi de nuit le seuil de sa maison!

DON PÈDRE.

Vous la nommez?...

FERNAND, interdit.

Moi?

DON PÈDRE, impassible.

Vous!

FERNAND, tordant ses bras.

Je ne peux pas le dire!

DON PÈDRE, avec résolution.

Je le saurai!

(Il se dirige vers le fond.)

FERNAND, épouvanté.

Mon père!

DON PÈDRE, se retournant.

Assez. — Je me retire.

(Avec solennité.)

Vous avez eu de moi deux choses — digne ou non —
La vie avec mon sang — l'honneur avec mon nom;
De ces deux choses-là — les plus chères au monde —
La première se donne — on prête la seconde!
Or, s'il vous semble bon de livrer au hasard
Vos jours dont j'ai besoin peut-être, moi vieillard,
Cela vous appartient — vous en êtes le maître...
Mais le droit qu'à mon fils je ne peux reconnaître,
C'est de jeter aux chiens — avec sécurité —
Un nom dont il doit compte à ceux qui l'ont porté!
Ce nom-là — malgré vous — par respect pour leur cendre,

(Se découvrant.)

En souvenir des vieux!

(Remettant son chapeau avec violence.)

Je le saurai défendre,
Afin qu'il passe intact aux fils que vous aurez;
Et s'il finit à vous, comme vous l'assurez,
Quelque sombre avenir que le ciel vous assigne,
Vous lui devez encore un tombeau qui soit digne,
Un monument sans tache où nul passant demain
Ne lance avec mépris les pierres du chemin!

(Il va pour sortir.)

FERNAND, avec énergie.

Pensez-vous que j'échappe à ce mépris du monde,
Par un procédé vil dont ma loyauté gronde,
Et que le changement soit pour moi bien flatteur
Si d'assassin douteux — je suis vrai délateur?...
Ne reprochez qu'à vous, mon seigneur et mon maître,
Cet inflexible orgueil que vous devez connaître,
Et qui préfère encor, dans ce péril pressant,
A la tache de boue une tache de sang!

DON PÈDRE.

En fait d'honneur, monsieur, j'entends juger moi-même;
Son nom?

(Silence de Fernand.)

Vous pâlissez devant mon anathème,
Et c'est à quelque fille au fond d'un carrefour,
Que vous sacrifiez notre gloire en un jour!

FERNAND, comme malgré lui.

Celle pour qui je meurs est une noble dame!

DON PÈDRE, très-ému.

Noble!...

FERNAND.

Comme vous-même!

DON PÈDRE, vivement, après un long silence.

Attendez!... Sur mon âme!...
On va courir bien loin — quand il suffit d'un pas!...

FERNAND, inquiet.

Quoi donc?

DON PÈDRE, appuyant.

Je la connais — et je n'y pensais pas!...

FERNAND, haletant.

Permettez...

DON PÈDRE.

Tout cela revient à ma mémoire...
Quelqu'un dernièrement m'a conté cette histoire :
Un amour dont on parle!...

FERNAND, l'interrompant.

On parle sottement!

DON PÈDRE.

Doña Laura!

FERNAND, avec force.

Jamais!

DON PÈDRE.

J'en suis certain.

FERNAND.

Comment !
Vous supposez? horreur !... mais ce serait infâme!
Est-ce que je connais seulement cette femme ?
Moi l'aimer ? jour de Dieu ! vous voyez bien que non,
Puique je reste calme en apprenant son nom !
Je vous demande un peu s'il me serait possible
De me montrer pour elle à ce point insensible !
A quoi bon s'occuper de cette femme-là ?
Pour répondre à l'amour dont quelqu'un vous parla.
J'aurais le cœur saisi d'une angoisse mortelle !
Ah ! ah ! ah ! moi, l'aimer !... mais je la hais !...

DON PÈDRE, avec une autorité terrible.

C'est elle !

FERNAND, tout à fait égaré.

Non — mais non ! — par la mort ! écoutez mes serments !
Que la foudre de Dieu m'écrase si je mens !
Que la terre s'entr'ouvre avec tous ses abîmes !...
Avez-vous, pour douter, des preuves légitimes ?
Parlez ! c'est impossible, on ne peut savoir !...
Qui vous l'a dit ?...

DON PÈDRE.

Vos cris et votre désespoir !
La pâleur de ce front où des gouttes s'assemblent !
Vos yeux hagards ! vos doigts crispés ! vos mains qui trem-
[blent !

FERNAND, lui barrant le chemin, et tombant à ses pieds, avec désespoir.

Eh bien, tuez-moi donc, car l'honneur est perdu !

DON PÈDRE, avec dignité.

Relevez-vous, Fernand, je n'ai rien entendu !

FERNAND, d'une voix saccadée et entraînant le vieillard sur le devant de la scène.

Quoi !... vous tairez son nom ?... Vous aurez pitié d'elle?

DON PÈDRE, avec calme.

Je serai, jusqu'au bout, à mon blason fidèle.

FERNAND, insistant.

Nul ne saura ?...

DON PÈDRE.

Silence! et demeurez en paix!
L'avenir est caché sous des voiles épais...
Fiez-vous, dans cette ombre, à mes longues années!...

(Après une pause, avec lenteur et mélancolie.)

Et, s'il nous faut subir le poids des destinées...

FERNAND, avec anxiété.

Que dites-vous, enfin ?...

(Il se laisse tomber à droite sur un banc.)

DON PÈDRE, hésitant et balbutiant.

Je dis...

FERNAND, penché sur lui.

Répondez-moi!...

DON PÈDRE, ouvrant à Fernand ses bras qui tremblent.

Que ton père, du moins, peut mourir avec toi!...

(Il tient son père embrassé. — Les soldats, qui sont rentrés sur les derniers mots, emmènent avec eux Fernand pour le conduire au roi. — Le vieillard l'accompagne jusqu'au fond.)

SCÈNE VI

DON PÈDRE, LAURA.

LAURA. (Elle arrive par la gauche.)

C'était, pour mon honneur, une loi souveraine
Qu'on me vît la première au lever de la reine!...

(S'avançant vers le devant de la scène, sans voir don Pèdre.)

Mais comme j'ai souffert en écoutant le bruit
Qu'ils font, dès le matin, sur cette affreuse nuit!...

(Don Pèdre, qui a reconnu Laura, la considère avec anxiété.)

Nul ne sait... et pourtant leurs yeux, par échappées,
Semblaient me fouiller l'âme, ainsi que des épées!...
L'apparence!... Oh! mon Dieu!...

(Se retournant pour sortir par le fond.)

Que faire, maintenant?...

DON PÈDRE, grave, le chapeau à la main.

(Il s'est approché lentement pendant les deux derniers vers.)

Don Pèdre de Torrès, père de don Fernand!

LAURA, épouvantée.

Vous!...

DON PÈDRE, d'une voix sourde.

Si les assassins ont des pères encore!

LAURA, balbutiant.

Ne dites pas cela!...

DON PÈDRE.

Tout l'accuse!...

LAURA, tremblante.

On ignore...

(Se reculant avec effroi, à part.)

Ce vieillard m'épouvante, avec son front pâli!...

DON PÈDRE.

Mon Dieu!... pas même un meurtre, au soleil accompli!...
Mais un vil guet-apens!...

LAURA, avec force et comme malgré elle.

C'est faux!...

DON PÈDRE, se précipitant sur sa main.

Merci, madame!...

(Bas, d'un ton mystérieux.)

C'est cette preuve-là qu'un père vous réclame!...

LAURA, frémissant et cherchant à fuir.

A moi? — la preuve, à moi? — je ne vous comprends pas!...
Quelle preuve?...

DON PÈDRE.

Un seul mot peut le sauver!...

LAURA, hors d'elle-même.

Plus bas!...
Vous savez donc!... malheur!... qui vous l'a dit?...

DON PÈDRE, bas.

Lui-même.

LAURA, avec indignation.

Misérable!...

DON PÈDRE, se posant entre elle et la porte de sortie.

Arrêtez!... car c'est presque un blasphème!...

LAURA.

Et vous osez!...

DON PÈDRE, avec autorité.

Oui, j'ose!... en cet événement,
Où mon nom sans reproche est terni faussement,
C'est à moi de parler, c'est à vous de m'entendre!
S'il ne s'agissait là que de sang à répandre,
(Montrant le banc où il était assis.)
Mon mépris pour la mort eût retenu mes pas,
Un soldat, pour si peu, ne se dérange pas!
Mais quand ma renommée, en ce deuil qui s'apprête,
Va choir du même coup qui fait tomber sa tête,
Et qu'un bourreau, demain, souffletant mon blason,
Va pousser à l'égout l'honneur de ma maison...
Secouant cette honte, ainsi qu'un mauvais rêve,
Déjà mort à demi, le vieillard se relève
Pour défendre sa gloire, à son dernier lambeau,
Et crier à genoux : Grâce pour mon tombeau!
(Il se précipite à ses pieds.)

LAURA, avec des gestes désespérés.

Relevez-vous!... j'ai peur!... ce regard plein de flamme!...
Mon Dieu!...

DON PÈDRE.

Pitié pour lui!... pitié pour moi, madame!...
Oh! ne détournez pas vos yeux irrésolus,
Maintenant que je pleure et ne menace plus!

(D'une voix coupée par les sanglots.)

A mon âge, on se trouble, et l'esprit s'exaspère,
Vous savez! — j'étais fou! — c'est la douleur d'un père!
Mais il faut oublier quelques mots violents,
Quand ce père, à vos pieds, traîne ses cheveux blancs!

LAURA, tremblante.

Qu'espérez-vous de moi? que voulez-vous qu'on fasse?...

DON PÈDRE, haletant.

Je ne sais pas, mon Dieu, nous parlons — le temps passe —
Sauvez-le! sauvez-nous! voilà ce que je sais!...

LAURA, jetant autour d'elle des regards effrayés.

Moi!... comment?... songez-y! mon nom dans ce procès!...
Mais vous n'y pensez pas! mais vous voulez qu'on rie!
Pour un instant d'oubli — pour une étourderie —
— Quand ma vertu, d'ailleurs, ne se reproche rien —
Donner ma vie à mordre à tous ces gens de bien
Qui, le front écrasé sous mon pied qui les broie,
Attendent cet éclat comme on flaire une proie,
Prêts à venger sur moi, par un scandale affreux,
Les trois ans de mépris que j'ai versés sur eux!...
Et vous portez au cœur cette horrible pensée
De me voir par le comte indignement chassée!...

DON PÈDRE, réclamant.

Madame...

LAURA, avec un rire dédaigneux.

Ah! ce serait un trop lâche moyen
De laver votre honneur, que de salir le mien!

DON PÈDRE, avec une dignité offensée.

Plus que vous, maintenant, j'ai le droit de me plaindre,
Car, sachant qui je suis, vous ne deviez pas craindre,
Et mon étonnement dépasse votre effroi,
Qu'un tel soupçon vous vienne, et qu'il s'adresse à moi,
Quand nous sommes tous deux de naissance assez bonne
Pour que l'un, sans réserve, à l'autre s'abandonne!

Or donc, mettez un terme à votre accablement :
Le secret qui nous tue est à vous seulement;
Deux autres l'ont connu, qui, tout prêts au martyre
Se sont placés trop haut pour descendre à le dire,
Et qui l'emporteront, madame, avec orgueil,
Cloué, vivant encore, dans leur double cercueil !
Adieu ! ne craignez pas que jamais il en sorte,
Ni qu'un spectre, la nuit, se dresse à votre porte...
Nous sommes de ces morts qui ne reviennent pas,
Et gardent leur serment jusque dans leur trépas!

(Il fait un pas pour sortir.)

LAURA, éperdue.

Arrêtez !... c'est affreux!... vous êtes implacable !
Mais oubliez-vous donc que tout le poids m'accable?
Mais me reprochez-vous d'avoir quelque souci,
Sur le point de payer pour tout le monde ici?
Dois-je aller, sans pâlir, au gouffre qui m'entraîne?...

(Elle se laisse tomber accablée sur un siége.)

DON PÈDRE, se frappant le front après un silence.

Écoutez !... Dieu m'éclaire !... allez trouver la reine !

LAURA, stupéfaite, et regardant la porte de gauche.

La reine ?...

DON PÈDRE, avec feu.

A ses genoux épanchez vos douleurs;
Elle est femme, elle est bonne, et peut sécher nos pleurs!
Vous lui direz qu'un noble, un cavalier d'Espagne,
Un fils, que son vieux père au supplice accompagne.
Pour sauver votre honneur, qu'il tenait dans sa main,
A dû livrer sa gloire, et va mourir demain !
Que le nom de cet homme était sacré naguères;
Que notre sang, à tous, a coulé dans les guerres,
Et que le peu qui reste est encore trop beau,
Pour qu'on le donne à boire au glaive du bourreau !

Vous lui direz cela, madame ; c'est justice,
Car il ne convient pas que l'innocent pâtisse,
Et cet aveu sincère arrive d'autant mieux
Qu'aucun remords caché ne fait baisser vos yeux !

LAURA.

Hélas !...vous oubliez ! .. ils croiront... Grâce !... grâce !...

DON PÈDRE.

Non, vous lui parlerez sans témoins, face à face...
Et si quelque insolent vient à douter de vous,
Nous le ferons, demain, tomber à vos genoux !
Songez que, désormais, vous marchez dans la vie,
Appuyée à deux cœurs, de deux glaives suivie.
Et je ne sache pas reine au bandeau vermeil
Mieux gardée, en sa tour, que vous sous le soleil !

LAURA, désespérée.

Je n'oserai jamais !...

(D'un ton suppliant.)

N'est-il plus d'autre voie ?...

DON PÈDRE.

L'autre est terrible ; au bout, une hache flamboie !...

LAURA, mettant sa main devant ses yeux.

Dieux !...

DON PÈDRE, le bras levé.

Au nom de celui qui nous jugera tous,
Par votre part du ciel, ayez pitié de nous !...

LAURA, d'une voix faible.

Assez !... tous ces retards... doublent mon agonie...
Demain...

DON PÈDRE, montrant la porte de gauche.

C'est aujourd'hui !...

LAURA, faisant un pas de ce côté, avec une morne résignation.

J'y vais...

DON PÈDRE, lui baisant la main avec transport.

Soyez bénie !...

(Laura s'avance vers la gauche.)

SCÈNE VII

LES MÊMES, DOLORÈS.

DOLORÈS.

(Elle arrive par le fond, et sans faire attention à don Pèdre, qui est un peu à droite. Elle fixe des yeux étonnés sur Laura, qui se dirige vers la gauche.)

Elle ici!... grâce à Dieu, je la rencontre enfin!...

(Courant à Laura, qui s'est retournée avec stupéfaction.)

Chez vous, pour vous parler, j'ai couru ce matin...
Sauvez-le!...

LAURA, frémissant.

Qu'est-ce à dire?

DOLORÈS, d'une voix saccadée.

Au fond, ton âme est bonne!
Tu l'aimais. — Je sais tout, et mon cœur te pardonne...
Mais le temps fuit, viens donc! moi, ne te trouvant pas,
Chez la reine, en secret, j'allais porter mes pas,
Et là, sans te nommer, dire au moins qu'on attende...
Car, bien que son malheur de sa faute dépende,
Je ne puis au bourreau l'abandonner ainsi!
C'est un fait ténébreux qui veut être éclairci!
Et tu dois ton secours au juste qu'on opprime!
Et tu sais bien, Laura, qu'il n'a pas fait le crime!...

DON PÈDRE, s'avançant, très-ému.

Que dit-elle?...

DOLORÈS, à Laura, apercevant un témoin.

Oh! pardonne!...

LAURA, d'une voix éclatante.

Elle dit clairement
Que le fils est un lâche — et que le père ment!

DOLORÈS, à part.

Son père!

DON PÈDRE, désespéré.

Sur l'honneur!...

LAURA, l'interrompant.

Je commence à comprendre;
Un piége à double fond, qu'on a voulu me tendre!...
Je me réveille enfin!...

DON PÈDRE, balbutiant.

Madame...

LAURA.

Taisez-vous!
Voilà ce bel honneur dont vous étiez jaloux!

DOLORÈS, à part.

Son père!...

LAURA, avec un geste dédaigneux, à don Pèdre qui veut parler.

C'est infâme! — Il eût été plus digne
D'étaler, franchement, votre bassesse insigne,
Et de crier, tout haut, sans de pareils débats,
Un secret qu'à chacun vous murmurez tout bas...
Que de venir ainsi, majestueux et blême,
Pousser ma conscience à me perdre moi-même!
Tandis que l'autre, au fond, peu troublé de son sort,
Va rester, jusqu'au bout, aussi muet qu'un mort,
Humant, les yeux fermés, un encens que je paie,
Et certain — si j'hésite à monter sur la claie,
Qu'on connaît cette histoire, et qu'on m'y forcera...
Eh bien, moi, je refuse — et le mort parlera!

(Avec ironie.)

Oh! le plan n'est pas gauche — on s'est pressé, peut-être!

DON PÈDRE, très-ému.

Je jure, devant Dieu, que nul n'a pu connaître
Par mon fils — ou par moi...

LAURA, l'interrompant.

Comment! vous êtes sourd?..

DOLORÈS, avec énergie.

Personne ne l'a dit — madame — c'est plus court!

LAURA, avec ironie.

Fort bien!

DOLORÈS.

Souvenez-vous que la place était sombre!
J'étais là — cette nuit — derrière vous — dans l'ombre,
Pressant, sous mes deux mains, mon cœur abandonné...
Et j'ai suivi vos pas — quand l'horloge a sonné!

LAURA, avec terreur.

Vous?...

DOLORÈS.

Moi!

LAURA, reprenant son ton froid.

Qui vous croira, si vous osez le dire?

(Elle hausse les épaules.)

DON PÈDRE, s'approchant de Laura, et lui montrant Dolorès.

Vous entendez, madame!...

LAURA.

Oui, j'entends, on conspire,
C'est une ligue immense — et, de tous les côtés,
On croit le jour venu des complots arrêtés!...

DOLORÈS, d'une voix tremblante.

Ne parlez pas ainsi! Nul complot ne m'amène;
Mon cœur est trop brisé pour tenir tant de haine!
Un souvenir l'occupe, à la fois triste et doux...
Je viens pour lui, madame, et non pas contre vous!
Je croyais seule, ici, connaître ce mystère;
Pitié! tout le condamne; il persiste à se taire,
Et ce n'est plus un jeu, quand il touche au trépas...
Ah! vous me l'avez pris — ne me le tuez pas!
Gardez-le! c'est le moins qu'on lui reste fidèle!
Vraiment, je vous pardonne, en vous voyant si belle!

Courez à ce cachot qui le tient enfermé...
Moi, mon Dieu, c'est ainsi que je l'aurais aimé,
Prête à donner, sans cesse, orgueilleuse et ravie,
Mon bonheur pour sa joie — et mon sang pour sa vie!
Venez! un mot de vous — la porte s'ouvrira,
Répondez-moi, madame! Écoute-moi, Laura,
S'il te souvient encor des premières années!
Va! nous luttons, en vain, contre nos destinées,
Et l'homme que j'aimais — Dieu te l'avait gardé!...
Partons!...

LAURA, froidement.

Avez-vous dit?

DON PÈDRE.

Grâce! on a trop tardé!...

LAURA, avec emportement.

C'est montrer, je suppose, assez de patience!

(Leur montrant la porte de gauche.)

Allez!... je vous défie, avec votre alliance!

(D'un ton ironique, et sans vouloir écouter don Pèdre.)

Il faut qu'on sache au loin ce que pèse la foi
D'un hidalgo d'Espagne et d'un soldat du roi!
Risquer sa tête, lui? — vous vous moquez, je pense!
On meurt le front chenu quand on a sa prudence;
Mais il comptait sans moi, s'il rêva ce bonheur
D'illustrer son triomphe avec mon déshonneur!
Cachant à tous les yeux ma blessure inconnue,
Je pars — sans me courber — comme je suis venue!
Peut-être qu'assez loin j'irai porter mes pas
Pour que sa honte, à lui, ne m'éclabousse pas!

(A Dolorès, tremblante.)

Vous pouvez maintenant, si telle est votre envie,
Raconter la façon dont vous m'avez suivie,
Et de Fernand lui-même, oubliant la rigueur,
Mendier, à genoux, les restes de son cœur!...

Cette délation vous rendra, je l'espère,
Digne d'un tel époux...

(Montrant don Pèdre.)

Et digne d'un tel père!...
Allez! allez ensemble!... On vous a répondu!

DOLORÈS, avec un cri déchirant, voyant sortir Laura.

Ah!...

(Laura sort par le fond.)

SCÈNE VIII

DOLORÈS, DON PÈDRE.

DON PÈDRE, la soutenant, prête à s'évanouir.

Malheureuse enfant, vous avez tout perdu

DOLORÈS, tombant aux pieds de don Pèdre.

Ne me maudissez pas, à vos pieds abattue!
Je voulais le sauver!...

(Avec désespoir.)

Voilà que je le tue!...

(Se relevant, pleine d'énergie.)

Mais non!... Laissez-moi faire! Il en est temps enco'
Rien ne m'empêchera!... Cette femme qui sort,
Je ne la connais plus — ce n'est pas mon amie!
Elle a foulé mon cœur sous sa double infamie,
Et son front, où déjà ces deux crimes sont lus,
Peut porter, sans rougir, une honte de plus!...
Allez!... pour tout sauver, je me sens assez forte!...

(Elle se précipite vers la gauche.)

DON PÈDRE, lui barrant le passage.

Vous ne passerez pas, moi vivant, cette porte!

DOLORÈS, stupéfaite.

Comment!... quand, chez la reine, on peut tout expliquer!

(Cherchant à écarter don Pèdre.)

Le jugement approche!... et le temps va manquer!...
Je parlerai, vous dis-je!...

DON PÈDRE, inflexible.

Enfant, qu'allez-vous faire?...
Demeurez!...

DOLORÈS, reculant avec terreur.

Mais alors, vous n'êtes pas son père!

DON PÈDRE.

Je n'en serais plus digne en empêchant sa mort;

(Avec une grande fierté.)

S'il n'était pas mon fils, il pourrait vivre encor!

(Mouvement de Dolorès.)

Ceux qui portent mon nom savent quand l'instant sonne,
Pour tenir leur parole, oublier la personne;
Et le lâche lui-même, en ce dernier moment,
Reconnaît qui le paie, à l'or pur du serment!...

DOLORÈS, sanglotant.

Pour sauver cet orgueil dont la hauteur m'accable,
Vous m'abandonnez donc au remords implacable?
Et vous ne songez pas que son sang répandu
Va rejaillir, demain, sur moi qui l'ai perdu!...

DON PÈDRE, avec énergie.

Vous le perdez bien plus!... C'est assez!... Sur mon âme,
J'ai pleuré tout à l'heure, aux pieds de cette femme,
Et, dans mon cœur si dur par vous-même accusé,
Trouvé tant de sanglots que je l'ai cru brisé!
Or, bien que le succès ait trompé mon envie,
Cette femme, après tout, ne lui prend que la vie,
Mon estime lui reste, et le supplice est peu
Pour qui meurt innocent, entre son père et Dieu!
Mais ce que je défends, en gardant cette porte,
Ce que je ne veux pas qu'un mot de vous emporte,

C'est l'honneur de mon nom, que nul ne doit flétrir...
Grâce ! épargnez sa gloire, et laissez-le mourir!
La foule — ce troupeau conduit par l'apparence —
Pourra croire à son crime — en voyant sa souffrance —
Mais tous ceux que le ciel a fait naître moins bas,
Aux rayons de ses yeux ne s'y tromperont pas!...
Partez!..

DOLORÈS, *avec résolution.*

Non!... je refuse!... en cette nuit profonde,
Je suis la vérité! que rien n'étouffe au monde!
L'impassible témoin, par Dieu même envoyé!...
Je marcherai, sans vous, dans le chemin frayé;
Nul serment ne m'attache, et n'étant qu'une femme,
J'ai le droit de garder quelque pitié dans l'âme,
Sans que mon action, qui cause votre effroi,
Retombe, à l'avenir, sur d'autres que sur moi!...

DON PÈDRE, *s'écartant de la porte.*

Eh bien, passez alors, si cela peut vous plaire!
Déshonorez, d'un coup, et le fils et le père!

(*Montrant la porte par où est sortie Laura.*)

Donnez raison, sur l'heure, à tout ce qu'elle a dit!
Faites, d'un gentilhomme, un peu moins qu'un bandit!
Que le monde étonné contemple ce prodige!

DOLORÈS, *hésitant.*

Vous n'êtes là pour rien... c'est moi!...

DON PÈDRE, *impassible.*

Passez, vous dis-je!

(*Levant son bras droit.*)

Mais sous mon bras chargé de malédictions!
Mais tirant ce profit de vos délations
Que ce même Fernand devra — forcé de vivre —
Prendre en aversion la main qui le délivre,
Et loin de ses égaux dont il craint la rigueur,
Cacher, spectre honteux, la lèpre de son cœur!...

(*Mouvement désespéré de Dolorès.*)

Qu'ai-je dit!... je m'égare en des peurs qui sont vaines,
Oubliant le sang pur que j'ai mis dans ses veines,
Et comme si le mot que vous aurez jeté
Pouvait forcer mon fils à quelque lâcheté!...
Ne l'espérez jamais! c'est une calomnie!
Vous ne serez, là-bas, qu'un témoin qu'on renie,
Créant au condamné ce supplice inconnu
De maudire, en tombant, qui l'aura soutenu!...

(Lui montrant la porte.)

Passez!...

DOLORÈS, tombant épuisée sur un siége.

Grand Dieu!... que faire?

DON PÈDRE.

Attendre!

DOLORÈS, se levant.

Est-ce possible?...
J'ai vu, chez la comtesse, une haine inflexible. .
Et l'assassin caché ne dira pas son nom!...

(Geste de don Pèdre.)

Oh! vous-même, à présent, vous pensez bien que non!

(Retombant sur le fauteuil, avec désespoir.)

Songer qu'on le sauvait, si j'avais su me taire!. .

DON PÈDRE, lui prenant la main avec bonté.

Je vous ai pardonné la faute involontaire!
Fernand seul est coupable, et Dieu le punit bien
De n'avoir pas compris un cœur digne du sien!...

DOLORÈS, sanglotant.

Que n'ai-je pu mourir avant cette journée!

DON PÈDRE, la conduisant doucement vers le fond.

Enfant, partez en paix!... c'était la destinée!
Tout, l'honneur excepté, doit fléchir sous sa loi!...

(Dolorès sort tout en pleurs.)

SCÈNE IX

DON PÈDRE, seul.

DON PÈDRE, les yeux au ciel.

Et maintenant, Seigneur, on peut monter vers toi;
J'ai gardé, des deux parts, ma gloire sans mélange!
Fernand ne saura rien du démon ni de l'ange,
Afin qu'aucun regret du monde qui s'enfuit
Ne trouble le repos de sa dernière nuit!...

FIN DU TROISIÈME ACTE.

ACTE QUATRIÈME

Au palais du roi. — Dans la salle de justice. — Gardes. — Soldats. Seigneurs.

SCÈNE PREMIÈRE

LE ROI, à Célio, qui semble le solliciter.

Pour la dernière fois, nous voulons bien l'entendre.
(Aux autres gardes et seigneurs.)
Tant de bonté, sans doute, a de quoi vous surprendre?...

MANRIQUE, s'inclinant.

Oh! sire...
(Murmure flatteur de l'assemblée.)

LE ROI, à part, avec émotion.

Je l'ai vu combattre, et je l'aimais!...
(Tous les regards se tournent vers la porte d'entrée.)

SCÈNE II

LES PRÉCÉDENTS, FERNAND, DON PÈDRE, SOLDATS ARMÉS.

LE ROI, d'une voix grave.

Approchez, don Fernand ;... si vous eûtes jamais
Le respect de nos lois et de notre personne,
Plus d'obstination, répondez, l'heure sonne!...
Quand, malgré nos édits, le meurtre effrontément,
Jusqu'au seuil du palais brave le châtiment,
Il faut à cette ville, à l'Espagne, à la terre,
Un exemple à la fois terrible et salutaire...

Mais c'est double scandale en un même attentat,
Qu'un noble assassiné par la main d'un soldat!...

(Don Fernand garde le silence, les yeux baissés.)

DON PÈDRE, se tournant avec fierté vers les seigneurs qui murmurent.

Si j'avais donné l'être au lâche qu'on espère,
Avant l'arrêt du fils j'aurais puni le père!

LE ROI, avec émotion.

Nous ne plaindrons que vous, vieillard infortuné!...

(Aux assistants, d'un ton ferme.)

Tout est dit, maintenant!...

(Montrant Fernand.)

Ce silence obstiné
Serait digne déjà d'un courroux légitime,
S'il n'était, par lui-même, un aveu de son crime!...

DON PÈDRE.

Sire, on vous a vu joindre, en ce jour plein d'effroi,
L'indulgence d'un père à l'équité d'un roi;
Si bien qu'au souvenir du procès qu'on va clore,
Les peuples, en tremblant, vous béniront encore!
Dieu donne de longs jours à Votre Majesté!
Ce jugement est bon; j'ai moi-même douté,
Quand je ne savais pas de quelle violence
Est l'obstacle inconnu qui l'oblige au silence...
Frappez!... Il est à vous, dans la guerre ou la paix,
Ce sang qu'on va bientôt répandre à flots épais;
Nous nous consolerons en nous rappelant, sire,
Qu'il coule, utile encore au bien de votre empire,
Et que ce sang, versé pour les lois de l'État,
Vous sert sur l'échafaud, comme au champ du combat!...

(Montrant Fernand.)

Quand il aura payé, devant toute la terre,
Son silence rebelle, encore qu'involontaire;
Quand le vieillard aussi, dont cet homme était né,
Dormira dans la mort, par sa chute entraîné,

Un jour, Dieu sait le terme, après ces hécatombes,
La vérité poindra, comme une fleur des tombes,
Et, par l'ordre du ciel, fera connaître à tous
Qu'il était digne encor de son père et de vous!...

LE ROI, très-ému, montrant Fernand à don Pèdre.

Ne pouvez-vous, sans lui, nous expliquer vous-même?...

DON PÈDRE, avec énergie.

Je ne peux que le suivre en sa lutte suprême,
Et cette main collée aux lèvres du martyr,
Étouffer son secret s'il en voulait sortir!

(Sur un geste terrible du roi aux soldats, on entraîne Fernand, suivi de don Pèdre.)

LE ROI, aux gardes.

Qu'il meure donc chassé des rangs de la noblesse!...
Plus d'hésitation serait trop de faiblesse!
Oubliez tous cet homme! et qu'ainsi soit traité
Quiconque résistant à notre volonté,
Comme sujet du roi — comme soldat — oublie
Le devoir qui l'oblige — et l'honneur qui le lie!...

SCÈNE III

LE ROI, MANRIQUE, CÉLIO, DOLORÈS, ROSAURA,
GARDES DE LA REINE, SEIGNEURS.

DOLORÈS, en grand deuil, très-voilée; elle arrive suivie de Rosaura et de plusieurs dames, elle tombe sanglotante aux pieds du roi.

Ah! sire, écoutez-moi!... grâce!...

LE ROI, étonné.

Relevez-vous!

(Dolorès reste immobile et comme anéantie.)

D'où vient cette enfant-là qui tremble à nos genoux!...

(Avec colère.)

Quelque forfait nouveau?...

ROSAURA, s'inclinant devant le roi, et soutenant Dolorès.

Sire, daignez entendre
Le cri d'un désespoir trop facile à comprendre!

(Plus bas, montrant Dolorès.)

Destinée au marquis dont nous pleurons la mort,
Elle est veuve déjà — sans être épouse encor,
Et vient en ce palais demander sa vengeance!...
Car plus d'un dans la ville a parlé d'indulgence,
Et le peuple commence à douter de la loi,
Sachant que le coupable est un ami du roi!

LE ROI, avec gravité.

Cet homme est condamné, rassurez-vous, madame!

(Dolorès quitte le bras de Rosaura et regarde le roi avec terreur.)

Le roi n'a plus d'amis quand la loi les réclame,
Et ce même assassin dont vous prenez souci,
Marche à la mort — pendant que vous parlez ainsi!

DOLORÈS, avec un grand cri.

Ciel! déjà! Qu'on empêche! Ordonnez!...

LE ROI, de plus en plus surpris.

Quelle cause?...

DOLORÈS.

Fernand n'a pas commis le meurtre qu'on suppose!

ROSAURA.

Comment! Qu'ai-je entendu?

LE ROI.

Que veut dire cela?

DOLORÈS.

Fenand n'a pas tué le marquis d'Avila!

ROSAURA.

Vous ne l'avez pas vu — la veille — sombre et blême,
Préluder par l'injure à l'assassinat même?...

DOLORÈS, très-haut.

A l'heure de ce crime... il était avec moi!

ROSAURA, éperdue.

Avec vous!...

DOLORÈS, froidement.

Oui, madame.

ROSAURA, confuse et désespérée.

Elle est folle, je croi!...

DOLORÈS.

Pardon —j'avais menti — je vous trompais!

ROSAURA, joignant les mains.

Qu'entends-je!

(Les dames de sa suite s'empressent autour d'elle.

LE ROI, sévèrement, à Dolorès.

Espérez-vous qu'on croie à cette fable étrange?

DOLORÈS, d'une voix suppliante.

Sire!... ne doutez pas!... que tout soit arrêté!...
Au nom du ciel!...

CÉLIO, s'élançant vers le roi.

Un mot de Votre Majesté!...
Un seul mot!...

LE ROI.

Impossible!...

DOLORÈS, tombant à ses pieds.

Oh! par ce diadème!...
Par ce pouvoir sans borne!... attendez!... Dieu lui-même,
Pour que le châtiment soit moins prompt de moitié,
Aux ailes de sa foudre attache sa pitié!...
Sire, écoutez du moins une femme qui pleure!...
Il approche!... voilà qu'on le saisit!... c'est l'heure!...
Grâce!...

LE ROI, luttant contre lui-même.

Un juge est perdu quand son cœur est troublé!...

(Il se détourne et fait signe qu'on emmène Dolorès.)

CÉLIO, vivement.

Si c'était le secret dont Fernand a parlé!

(Montrant Dolorès.)

Si, voulant la soustraire au scandale implacable...

LE ROI, l'interrompant.

Vous supposez... ?

CÉLIO.

Oui, sire, et ce doute m'accable !

LE ROI, haussant l'épaule.

Un doute !...

CÉLIO.

Mais le roi peut s'en assurer mieux...

DOLORÈS, joignant les mains.

Un mot de votre bouche ! un signe de vos yeux !..
Sire !...

LE ROI, à Dolorès.

Affirmez-vous bien ?...

DOLORÈS.

J'affirme !

LE ROI, à Célio.

Allez donc vite !

(Lui donnant un papier qu'il signe à la hâte.)

Qu'on le ramène — allez !...

(Célio et Manrique se précipitent hors de la salle.)

ROSAURA.

Le roi lui-même hésite !
Le roi !

LE ROI, à Rosaura.

Ce jugement sera moins hasardeux
Si nous pouvons, ici, les confronter tous deux ;
De quelque loyauté qu'un prince s'environne,
Le sang qu'il verse à tort fait tache à sa couronne !...
Nous saurons mieux après...

DOLORÈS, avec effusion.

Soyez béni de Dieu !

(Se tournant vers Rosaura.)

Et vous, par mes sanglots entraînée en ce lieu,
Vous dont si lâchement j'ai souillé la demeure,
Pitié !... c'était justice ! il ne faut pas qu'il meure !

(On entend des cris lointains. — Anxiété générale.)

SCÈNE IV

LES PRÉCÉDENTS, MANRIQUE.

MANRIQUE. (Il arrive, hors d'haleine.)

Sire ! j'ai pu porter votre commandement...

(Mouvement de joie dans l'assemblée.)

Le cortége funèbre avançait lentement...
Car la foule est énorme aux abords de la place !

(Après une pause.)

On a battu des mains parmi la populace,
Et ces gens, dès l'aurore accourus pour mieux voir,
Semblent bénir le ciel qu'on trompe leur espoir !

LE ROI.

L'avez-vous abordé?...

MANRIQUE.

Non, malgré mon envie !...

LE ROI.

Il ne sait pas, alors, qui lui sauve la vie ?

MANRIQUE.

Il sait qu'on l'a sauvé — voilà tout.

LE ROI.

C'est fort bien !
Nous aimons beaucoup mieux qu'il ne connaisse rien...

MANRIQUE, prêtant l'oreille.

Sire !... le bruit approche !...

(Acclamations sous les fenêtres du palais.)

Ils sont entrés, sans doute...

(Tout le monde se tourne vers la porte d'entrée.)

SCÈNE V

LES MÊMES, FERNAND, DON PÈDRE, SOLDATS.

FERNAND, bas, à don Pèdre.

Père, je te l'ai dit, tout le long de la route,
Laura qu'on croit sans âme a tout bravé pour moi!...
Je ne me trompais pas en lui donnant ma foi.

LE ROI.

Approchez, don Fernand.

(Montrant Dolorès toujours voilée.)

Nous savons le mystère!

FERNAND, à demi-voix, prenant Dolorès pour Laura.

Hélas! c'est trop payer quelques jours sur la terre!
Tout aurait mieux fini, sans ce beau dévoûment!...
A quoi bon!...

DOLORÈS. (Elle se dévoile tout à coup et le regarde en face.)

C'est le moins qu'on sauve son amant!
J'ai prouvé que, chez moi, votre nuit s'est passée!...

(Fernand s'est agenouillé lentement devant elle, comme en adoration.)

DON PÈDRE, bouleversé.

Grand Dieu!...

FERNAND, se réveillant et se redressant tout à coup.

Mais non!... jamais!... Quelque femme insensée!...
D'où vient-elle? Comment? Pourquoi?... je ne sais pas!...

LE ROI.

Ce trouble!...

FERNAND, aux gardes.

Allons, messieurs, ramenez-moi là-bas!

DON PÈDRE, lui prenant la main.

Bien, mon fils!...

DOLORÈS, tremblante.

Vous niez, quand j'ai tout dit moi-même!..

FERNAND, frémissant.

Laissez-moi! Dans quel but?

DOLORÈS, avec force.

Parce que je vous aime!
Parce que votre honneur doit être défendu!
Parce Dieu sait bien que je vous ai perdu!...

LE ROI, à Fernand, qui nie par gestes.

Vous cachez maintenant la chaîne qui vous lie.

DON PÈDRE, d'une voix émue.

Sire, ne croyez pas!...

FERNAND, couvrant la voix de don Pèdre.

Mais c'est une folie!
Un rêve monstrueux dont sa gloire pâtit!
Cette femme, à coup sûr, ne sait ce qu'elle dit!

(A Rosaura.)

Madame, entraînez-la!...

(Au roi.)

Sire!... pitié pour elle!...

DOLORÈS, se dégageant des bras de Rosaura, qui était revenue à elle, pleine d'espoir.

Comment!... je ne sais pas qu'après cette querelle,
Vous êtes resté seul, sous les arbres?... Comment!
Je ne sais pas encor qu'à ce même moment,
La place, autour de vous, était déserte et nue,
Que je voulais vous voir, et que je suis venue
Demi-morte, cherchant, dans l'ombre, mon chemin?...
Vous n'avez pas, peut-être, embrassé cette main?
Vous ne m'avez pas fait, à genoux, la prière
De passer, à mes pieds, cette nuit tout entière,
Prêt à courir, dès l'aube, au rendez-vous donné?
Vous ne m'entraîniez pas, quand minuit a sonné?...

FERNAND, épouvanté.

Mon Dieu !... qui peut comprendre ?... où suis-je ? Un effroi
[vague !...

(Avec terreur.)

Je ne vous connais pas !...

DOLORÈS, lui tendant sa main.

Connais-tu cette bague ?

(Fernand reste muet de stupéfaction.)

Sais-tu lire à présent les lettres de ton nom ?

DON PÈDRE, s'élançant entre elle et Fernand.

Assez !...

DOLORÈS, montrant la bague au roi.

Vous voyez bien que j'ai la preuve !...

DON PÈDRE, avec force.

Non !

Je ne permettrai pas que le fait s'accomplisse,
Car c'est un sacrilége, et j'en serais complice !...

DOLORÈS, se retournant vers lui.

Osez-vous soutenir qu'il serait là sans moi ?

(Bas, avec intention.)

Me forcez-vous enfin de dire tout au roi !...

DON PÈDRE, bas, avec terreur.

Silence !

DOLORÈS, bas à don Pèdre.

Il faut choisir : je suis inexorable !...

(Se tournant vers le roi, et lui montrant Fernand tout anéanti.)

Sire ! jugez vous-même !...

FERNAND, avec des sanglots.

O crime irréparable !

O bonheur de ma vie emporté sans retour !
J'ai brisé mes serments ! j'ai trahi son amour !
Elle se venge ainsi, dans sa pitié sublime !...

DOLORÈS.

Me venger, moi?... jamais! que parlez-vous de crime?...
C'est ma seule imprudence!...

LE ROI.

En cette obscurité,
Nous cherchons vainement où luit la vérité...

FERNAND, avec force.

Elle est dans mon refus!...

DOLORÈS, sanglotant.

Sire, elle est dans mes larmes!...

FERNAND, tordant ses bras, dans son impuissance.

Si je pouvais parler!... si j'avais d'autres armes,
Dans cette lutte affreuse où je suis aux abois,
Qu'un démenti sans preuve et qu'un serment sans poids!...

(Courant à Dolorès immobile.)

Mon Dieu!... c'est impossible!... avouez!...

DOLORÈS, froidement.

Qu'ai-je à dire?...

FERNAND, avec un mouvement terrible.

Eh bien, du haut en bas, le voile se déchire,
Et j'ai droit de porter le nom qui m'est acquis :
Je suis un assassin — j'ai tué le marquis!

(Stupéfaction générale.)

DOLORÈS, avec un cri déchirant.

Non!

DON PÈDRE, courant à son fils.

Fernand, que dis-tu?...

FERNAND, avec une exaltation croissante.

Laissez-moi!... Sur mon âme,
Ce serait trop, vraiment, d'être deux fois infâme,
Et de venir ici, meurtrier sans pudeur,
Me faire une innocence avec son déshonneur!

(Aux soldats.)

Marchons!... je ne suis pas l'homme qui se dérobe
Comme un enfant peureux, sous les plis d'une robe,

Et, de son attentat n'osant se couronner,
Pâlit devant la mort qu'il a bien su donner!
Sire! ne souffrez pas la fraude qu'on essaye...
Le sang que j'ai versé m'appartient!...

(Montrant sa tête.)

Je le paye!
Et nul autre, à présent, n'y peut marquer son pas!...

(Avec un orgueil farouche.)

Tout mon crime est à moi — je ne partage pas!...

(Célio, qui est entré au dernier mouvement de Fernand, cause bas avec Manrique.)

SCÈNE VI

LES MÊMES, CÉLIO.

CÉLIO, s'avançant en face de Fernand.

Vous en laisserez bien quelque peu pour les autres!

(Stupéfaction de Fernand et de tout le monde.)

J'ai des titres en main qui détruisent les vôtres!

(Se tournant vers le roi.)

Dieu, dans cette aventure, a mis son doigt puissant!
Le coupable est connu.

(Montrant don Fernand.)

Cet homme est innocent!

LE ROI.

La preuve?...

DON PÈDRE, courant à Célio.

Au nom du ciel! expliquez!...

CÉLIO, d'une voix assurée.

C'est facile.

(Se tournant vers le roi.)

Des archers ont saisi sous les murs de la ville
Un drôle à mine étrange, et qui, d'un air distrait,
Comptait des doublons d'or au seuil d'un cabaret.

D'un éclair imprévu, mon âme fut frappée!
La taille de Fernand — long manteau — longue épée,
Et la plume au chapeau dont on a tant parlé!...
Au seul nom du marquis le galant s'est troublé...
Puis, poussé, convaincu, pris d'un remords peut-être,
Il a cité, très-haut, pour complice et pour maître,
Le comte de Roxas, dont il tient tout son or!

LE ROI, se soulevant à demi.

Le comte!...

CÉLIO.

A son hôtel j'ai couru tout d'abord;
Partout un grand désordre, et la comtesse en fuite,
Seul un vieux serviteur — un laquais de sa suite —
Qui tremble, à mon aspect, et ne sait rien, sinon
Qu'un soldat dont lui-même il ignore le nom,
Mais qu'il m'a su, du moins, dépeindre avec justesse,
L'avant-dernière nuit, resta chez la comtesse!...

(Regardant Fernand.)

J'avais, pour tout connaître, un motif à part moi;
Et j'en rapporte un gant dont les armes font foi...

(Il montre un gant de soldat.)

Don Fernand de Torrès l'a perdu dans son zèle!

FERNAND, d'une voix tonnante et montrant Dolorès, après avoir pris son gant.

Vous entendez bien tous, je n'étais pas chez elle!

ROSAURA, courant vers Dolorès.

Dieu soit béni!...

DON PÈDRE, se tournant vers le roi.

Voilà, sire, la vérité!...

CÉLIO, bas au roi.

Un amour dont l'époux ne s'est jamais douté!...
Sa haine s'égarait, et sa fureur trop prompte...

LE ROI, se levant

Gardez votre bandit, faites chercher le comte;

Nous voyons maintenant, sans plus ample examen,
Que dans ce meurtre indigne, il a glissé sa main!...

(Passant près de don Pèdre.)

Votre fils est sauvé!

(Saluant Dolorès.)

Noble enfant, Dieu vous venge!

(A Rosaura.)

Aimez-la mieux encor, madame, c'est un ange!

(Arrivant à Fernand, muet et immobile.)

Et vous, sur qui la mort a plané tout un jour,
Comme pour vous punir d'avoir trompé l'amour,
Échappé, par miracle, au soupçon d'être infâme,
Gardez ce souvenir, jusqu'au bout, dans votre âme,
Et n'oubliez jamais, dans vos réflexions,
Que l'honneur peut tomber du haut des passions!...

(Le roi sort, suivi de la cour et des soldats, qui laissent Fernand libre.)

SCÈNE VII

DOLORÈS, ROSAURA, DON PÈDRE, FERNAND, puis CÉLIO, MANRIQUE, DAMES DE ROSAURA.

CÉLIO.

(Après le départ du roi, qu'il accompagne jusqu'à la sortie, il revient avec Manrique, descend timidement vers Fernand, qui est absorbé dans une contemplation muette, et lui tend à moitié sa main.)

Peux-tu presser encor cette main qui t'invite?...

(Fernand, comme perdu dans un rêve et les yeux toujours fixés sur Dolorès, tend machinalement une main à Célio et l'autre à Manrique, qui la saisit avec empressement, sans parler.)

DOLORÈS, pâle, défaillante, à Rosaura.

Madame... emmenez-moi!... tout est fait!... partons vite!...

(Elle s'appuie, chancelante, sur le bras de Rosaura.)

Pas ici!... j'oubliais!...

(Avec des mouvements convulsifs.)

Je ne veux pas ici!...

ROSAURA, inquiète.

Calmez-vous — pauvre enfant — j'ai pardonné!...

DOLORÈS, d'une voix affaiblie.

Merci!

(Levant les yeux avec terreur.)

Mais... Dieu!... lui!...

ROSAURA.

Comment?

DOLORÈS, d'une voix saccadée.

Dieu!... croyez-vous qu'il [pardonne?

DON PÈDRE.

(Il s'avance vers Dolorès les bras tendus, comme pour la bénir.)

Dieu vous garde là-haut sa plus belle couronne,
Et si son glaive en feu s'émousse quelque part,
C'est au front d'un enfant béni par un vieillard!...

DOLORÈS, égarée.

Non, vous ne savez pas!...

(A Rosaura.)

Emportez-moi, madame!. .

(Avec des signes d'effroi.)

Pas ici... Pas ici!...

(Elle glisse et s'affaisse entre les bras de Rosaura.)

ROSAURA, effrayée.

Seigneur, elle se pâme!...

Tant de lutte!...

FERNAND, éperdu, et courant à Dolorès.

Au secours!...

DON PÈDRE, l'arrêtant.

Fernand, n'approchez pas!

FERNAND, suppliant.

Père!...

DON PÈDRE, avec un grand geste d'autorité.

Vous n'avez plus le droit de faire un pas!...

(Fernand s'arrête anéanti.)

DOLORÈS, se réveillant, au milieu des dames qui s'empressent autour d'elle.

Où suis-je?...

ROSAURA, avec joie, aux autres dames.

Elle a parlé!

DOLORÈS, regardant, comme dans un rêve.

Tous ces gens qui regardent!...

(Elle s'échappe toute chancelante et va à Célio.)

Courez!...

(A Manrique.)

Le roi l'a dit!...

(Se tournant vers les dames, et comme entendant du bruit au dehors.)

Écoutons!...

(Avec désespoir, à don Pèdre, qu'elle ne reconnaît pas.)

Comme ils tardent!...

(Avec un grand cri, apercevant tout à coup Fernand à l'écart.)

Ah!..

(Don Pèdre et Rosaura s'élancent vers Dolorès et la soutiennent.)

FERNAND, de loin, tombant à genoux.

Grâce!...

DOLORÈS, revenant tout à fait à elle, et d'une voix douce, à Fernand.

Approchez-vous!...

(Avec mélancolie, à don Pèdre et à Rosaura.)

Il peut bien s'approcher!

(A Fernand, hésitant.)

Tout près... mes pieds, à moi, ne veulent plus marcher!

FERNAND, avec désespoir.

Malheureux!... Qu'ai-je fait!...

(S'arrêtant à distance.)

Non — je n'en suis pas digne!...
De loin — comme cela — c'est bon — je me résigne,
Plus morne qu'un damné devant le ciel ouvert!...
Seulement un regard de vous!... j'ai tant souffert!

DOLORÈS, d'une voix affaiblie, et mettant convulsivement sa main sur sa poitrine.

Venez, je savais tout...

FERNAND.

Vous pardonniez encore!...
Oh! c'est là le regret profond qui me dévore!
Et je pleure, en songeant — fou de rage à moitié —
Que d'un pareil amour j'ai fait de la pitié!...
Vous immoler pour moi sans pousser une plainte,
Vous que j'abandonnais! Vous, si pure et si sainte,
Que penché sur les bords de votre âme sans fiel,
L'ange qui vous conduit se croit encore au ciel!...
Tant de douceur m'accable et me rend plus infâme!
Adieu!...

DOLORÈS, de plus en plus faible.

Ne partez pas .. S'il ne faut à votre âme
Qu'un mot... qui la console...

FERNAND, haletant.

Oh! de grâce! achevez!..

DOLORÈS.

Puisque je suis venue ici... vous le savez!...

FERNAND, délirant de joie.

Mon père, ai-je compris?...

(A Rosaura.)

L'avez-vous entendue
Voilà qu'elle pardonne et qu'elle m'est rendue!
Et que je peux encor, secouant le passé,
Reprendre mon bonheur où je l'avais laissé!...

DOLORÈS, avec un geste douloureux.

Hélas!...

FERNAND, exalté.

Tout est fini!... Pourquoi donc ce front blême?
Je vous emporterai! Nous fuirons!... Je vous aime!
Jusqu'à la mort!... Toujours!...

(Levant sa main droite.)

Devant Dieu!...

DOLORÈS, avec un sourire mélancolique.

Je vous crois...
Vous n'aurez pas le temps d'oublier, cette fois!...

FERNAND, confus, suppliant, lui saisissant la main.

Pardon!...

(S'écartant avec épouvante.)

Froide!... ô mon Dieu!... glacée!...

(Aux personnes présentes.)

Il faut qu'on sorte!...
Qu'on appelle!...

DOLORÈS, le retenant du geste.

A quoi bon?

(Montrant sa main.)

C'est qu'elle est déjà morte!...

FERNAND.

Morte!

DOLORÈS, se relevant, entre les bras de Rosaura et de don Pèdre.

Avez-vous pensé, don Fernand de Torrès,
Qu'on fait ces choses-là quand on veut vivre après,
Et qu'on n'a pas choisi sa place au cimetière,
Le jour qu'on vient donner sa gloire tout entière?...

(D'une voix saccadée.)

Les morts n'ont pas de honte! et si, j'ai pu parler,
C'est que je sentais là...

(Elle serre sa poitrine avec ses mains.)

Quelque chose... brûler!...

ROSAURA, accourant.

Cette chose!... elle est folle!... où!... comment?...

(Elle tient Dolorès dans ses bras.)

DOLORÈS, agitée, respirant à peine, et comme cherchant ses souvenirs

Je l'ai prise...
Sur le seuil... en entrant...

(Avec des convulsions.)

Oh !...

(Crispant ses doigts sur sa poitrine.

Tout mon corps se brise !...

(Cherchant avec ses mains, comme une aveugle.)

Êtes-vous là ?... j'ai peur !...

(Fernand couvre ses mains de baisers.)

Ne me quittez jamais !...

Fernand !... pardon, mon Dieu !... je l'aimais...

(Se tournant vers don Pèdre et roulant entre ses bras.)

Je l'aimais !...

(Elle meurt. — Tout le monde tombe à genoux.)

DON PÈDRE, avec un cri déchirant.

Ah ! pauvre ange !...

(Il l'embrasse. — S'adressant à tout le monde d'une voix douce et émue.)

Écoutez ! il est un lieu sur terre
Où j'ai ma femme — où j'ai ma sœur — où j'ai ma mère !
Un petit coin plein d'ombre au pied des myrtes frais !

(Regardant la morte, comme pour la rassurer.)

Un bon lit bien caché pour y dormir en paix,
Sous le parfum des fleurs et le vol des colombes !...

(Avec force.)

Allez dire à celui qui veille sur les tombes
Qu'elle est de ma famille — et que l'on peut ouvrir !...

FERNAND, sortant tout à coup de l'anéantissement où il était plongé et se précipitant sur don Célio dont il saisit l'épée.

Venez donc maintenant m'empêcher de mourir !

(Il se tue.)

FIN.

CATALOGUE

DE

MICHEL LÉVY

FRÈRES

LIBRAIRES-ÉDITEURS

ET DE

LA LIBRAIRIE NOUVELLE

PREMIÈRE PARTIE

Nouveaux ouvrages en vente. — Ouvrages divers, format in-8°
Bibliothèque contemporaine, format grand in-18. — Bibliothèque nouvelle.
Œuvres complètes de Balzac. — Collection Michel Lévy, format gr. in-18
Bibliothèque des Voyageurs, in-32. — Collection Hetzel et Lévy, in-32
Ouvrages illustrés. — Musée littéraire contemporain, in-4°
Brochures diverses. — Ouvrages divers

RUE VIVIENNE, 2 BIS
ET BOULEVARD DES ITALIENS, 15
PARIS

OCTOBRE — 1862

OUVRAGES DIVERS

Format in-8

fr. c.

J. J. AMPÈRE
de l'Académie française

CÉSAR, scènes historiques. 1 vol. . . 7 50

L'HISTOIRE ROMAINE A ROME, avec des plans topographiques de Rome à diverses époques. — 2 vol. . . 15 »

PROMENADE EN AMÉRIQUE.— Etats-Unis. — Cuba. — Mexique. — 3e *édition*. — 2 vol. . . . . . . 12 »

***

MADAME LA DUCHESSE D'ORLÉANS, HÉLÈNE DE MECKLEMBOURG-SCHWERIN. 6e *édition*. 1 vol . . . 6 »

***

ALESIA, Étude sur la septième campagne de César en Gaule. Avec deux cartes (Alise et Alaise). — 1 vol. . . . . 6 »

***

LES TRAITÉS DE 1815. — 1 vol. . . . 2 »

J. AUTRAN

LE POÈME DES BEAUX JOURS.—1 vol. 5 »

J. BARTHÉLEMY SAINT-HILAIRE

LETTRES SUR L'ÉGYPTE. 1 vol. 7 50

L. BAUDENS
Inspecteur, membre du Conseil de santé des armées de terre et de mer.

LA GUERRE DE CRIMÉE. — Les campements, les abris, les ambulances, les hôpitaux, etc. — 1 vol. . . . . 6 »

IS. BÉDARRIDE

LES JUIFS EN FRANCE, EN ITALIE ET EN ESPAGNE, recherches sur leur état depuis leur dispersion jusqu'à nos jours, sous le rapport de la législation, de la littérature et du commerce. — 2e *édition, revue et corrigée*. — 1 vol. 7 50

LA PRINCESSE DE BELGIOJOSO

ASIE MINEURE ET SYRIE. Souvenirs de Voyages. 1 vol. 7 50

HISTOIRE DE LA MAISON DE SAVOIE. 1 vol. 7 50

J.-B. BIOT
Membre de l'Académie des Sciences et de l'Académie française

ÉTUDES SUR L'ASTRONOMIE INDIENNE ET SUR L'ASTRONOMIE CHINOISE. 1 v. 7 50

MÉLANGES SCIENTIFIQUES ET LITTÉRAIRES.— 3 vol 22 50

LE PRINCE A. DE BROGLIE
de l'Académie française

QUESTIONS DE RELIGION ET D'HISTOIRE. — 2 vol. . . . . 15 »

CAMOIN DE VENCE

MAGISTRATURE FRANÇAISE, son action et son influence sur l'état de la Société aux diverses époques. 1 vol. 6 »

fr. c.

AUGUSTE CARLIER

DE L'ESCLAVAGE dans ses rapports avec l'Union américaine. — 1 vol. 6 »

J. COHEN.

LES DÉÏCIDES. — Examen de la divinité de J.-C. et de l'église chrét. au point de vue du judaïsme. 1 vol. 5 »

J. J. COULMANN

RÉMINISCENCES. Tome I. . . . . 5 »

VICTOR COUSIN
de l'Académie française

PHILOSOPHIE DE KANT. — 1 vol. . . 5 »

PHILOSOPHIE ÉCOSSAISE. — 1 vol . . 5 »

PHILOSOPHIE SENSUALISTE. — 1 vol. 5 »

J. CRÉTINEAU-JOLY

LE PAPE CLÉMENT XIV, seconde et dernière lettre au père Theiner.—1 v. 3 »

A. BEN-BARUCH CREHANGE

LES PSAUMES, traduct. nouv. 1 vol. 10 »

LE GÉNÉRAL E. DAUMAS

LE GRAND DÉSERT : Itinéraire d'une Caravane du Sahara au pays des Nègres (royaume de Haoussa), suivi d'un Vocabulaire d'histoire naturelle et du code de l'esclavage chez les musulmans, avec une carte coloriée. *Nouvelle édition*. 1 vol. 6 »

Mme DU DEFFAND

CORRESPONDANCE INÉDITE AVEC LA DUCHESSE DE CHOISEUL ET L'ABBÉ BARTHÉLEMY, précédée d'une introduction par *M. de Sainte-Aulaire*. — 2 vol. . . . . 15 »

CH. DESMAZE

LE PARLEMENT DE PARIS. 1 vol. . . 5 »

CAMILLE DOUCET

COMÉDIES EN VERS. — 2 vol. . . 12 »

DUVERGIER DE HAURANNE

HISTOIRE DU GOUVERNEMENT PARLEMENTAIRE EN FRANCE (1814-1848), précédée d'une introduction. 5 vol. 37 50

TOME VI (*Sous presse*). 1 vol 7 50

LE BARON ERNOUF

HISTOIRE DE LA DERNIÈRE CAPITULATION DE PARIS. — Événements de 1815. — Rédigée sur des documents entièrement inédits. 1 vol. 6 »

LE PRINCE EUGÈNE

MÉMOIRES ET CORRESPONDANCE POLITIQUE ET MILITAIRE, publiés, annotés et mis en ordre par *A. Du Casse*. 10 vol. . . . . 60 »

XAVIER EYMA

LA RÉPUBLIQUE AMÉRICAINE. Ses Institutions.—Ses Hommes.—2 vol. 12 »

LES TRENTE-QUATRE ÉTOILES DE L'UNION AMÉRICAINE. — Histoire des états et des territoires. — 2 vol. 12 »

J. FERRARI

HISTOIRE DE LA RAISON D'ÉTAT. 1 v. 7 50

GUSTAVE FLAUBERT

SALAMMBÔ (*sous presse*). — 1 vol. 6 »

LE COMTE DE FORBIN fr. c.

CHARLES BARIMORE.—*Nouvelle édition.* — 1 vol. . . . . 3 »

AD. FRANCK

Membre de l'Institut.

ÉTUDES ORIENTALES. — 1 vol. 7 50

LE Cte AGÉNOR DE GASPARIN

Ancien Député

L'AMÉRIQUE DEVANT L'EUROPE, principes et intérêts.—1 vol. . . . . . 6 »

UN GRAND PEUPLE QUI SE RELÈVE, LES ÉTATS-UNIS EN 1861. — 1 vol. 5 »

ERNEST GERVAIS

LES CROISADES DE SAINT-LOUIS. 1 vol. 6 »

CONTES ET POÈMES — 1 vol. . . . . 5 »

ÉMILE DE GIRARDIN

QUESTIONS DE MON TEMPS.—12 vol. 72 »

ÉDOUARD GOURDON

HISTOIRE DU CONGRÈS DE PARIS. 1 vol. 5 »

ERNEST GRANDIDIER

VOYAGE DANS L'AMÉRIQUE DU SUD.— Pérou et Bolivie. — 1 vol. . . . . 5 »

F. GUIZOT

LA CHINE ET LE JAPON : mission du comte d'Elgin pendant les années 1857, 1858 et 1859; racontée par *Laurence Oliphant.* Traduction nouvelle, précédée d'une introduction. — 2 vol . . . . 12 »

L'ÉGLISE ET LA SOCIÉTÉ CHRÉTIENNES EN 1861. — 3e *édition.* — 1 vol. . 5 »

HISTOIRE DE LA FONDATION DE LA RÉPUBLIQUE DES PROVINCES-UNIES, par *J. Lothrop Motley,* trad. nouvelle, précédée d'une grande introduction (l'Espagne et les Pays-Bas aux XVIe et XIXe siècles) —4 vol. 24 »

HISTOIRE PARLEMENTAIRE DE FRANCE, collection complète des discours de M. Guizot dans les chambres de 1819 à 1848, précédée d'une introduction formant le complément des mémoires pour servir à l'histoire de mon temps (*sous presse*). — 4 vol. . . . . 30 »

MÉMOIRES pour servir à l'histoire de mon temps.—2e *édition.* 5 vol. . 37 50

TOME VI (*sous presse*). 1 vol . . . 7 50

TROIS ROIS, TROIS PEUPLES ET TROIS SIÈCLES (*sous presse*). 1 vol. . . . 7 50

WILLIAM PITT ET SON TEMPS, par *lord Stanhope*, traduction précédée d'une introduction.— Tom. I et II. — 2 vol. . . . . 12 »

LE COMTE D'HAUSSONVILLE

HISTOIRE DE LA POLITIQUE EXTÉRIEURE DU GOUVERNEMENT FRANÇAIS : 1830-1848, avec documents, notes et pièces justificatives. 2 vol. 12 »

HISTOIRE DE LA RÉUNION DE LA LORRAINE A LA FRANCE, avec notes, pièces justificatives et documents entièrement inédits. 4 vol. . . . 30 »

ROBERT HOUDIN fr. c.

LES TRICHERIES DES GRECS DÉVOILÉES. — 1 vol. . . . . 5 »

VICTOR HUGO

LES CONTEMPLATIONS. 4e *éd.* 2 vol. 12 »

LA LÉGENDE DES SIÈCLES.—2e *édition.* — 2 vol. . . . . 15 »

PAUL JANET.

PHILOSOPHIE DU BONHEUR (*sous presse*). 1 vol. 7 50

JULES JANIN

LES GAITÉS CHAMPÊTRES. 2 vol. . . 12 »

LA RELIGIEUSE DE TOULOUSE. 2 vol. 12 »

ALPHONSE JOBEZ

LA FEMME ET L'ENFANT, OU MISÈRE ENTRAINE OPPRESSION. 1 vol. . . . 5 »

***

ÉTUDES SUR LA MARINE : L'escadre de la Méditerranée.— La Question chinoise.—La Marine à vapeur dans les guerres continentales. — 1 vol. 7 50

LAMARTINE

GENEVIÈVE. — Histoire d'une Servante. 1 vol. . . . . 5 »

NOUVELLES CONFIDENCES. 1 vol. . . 5 »

TOUSSAINT LOUVERTURE. 1 vol. . . . 5 »

VIE D'ALEXANDRE LE GRAND.—2 vol. 10 »

CHARLES LAMBERT

LE SYSTÈME DU MONDE MORAL. 1 vol. 7 50

DE LAROCHEFOUCAULD

DUC DE DOUDEAUVILLE

MÉMOIRES.— Tome I à VI.— 6 vol. 45 »

JULES DE LASTEYRIE

HISTOIRE DE LA LIBERTÉ POLITIQUE EN FRANCE. — *Première partie.* 1 vol. 7 50

(L'ouvrage sera complet en 3 vol.)

DE LATENA

ÉTUDE DE L'HOMME. 3e *edit.* 1 vol. . 7 50

JULES LE BERQUIER

LA COMMUNE DE PARIS. — Limites et Organisation nouvelles. — 1 vol. 3 »

CHARLES LENORMANT

BEAUX-ARTS ET VOYAGES, précédés d'une lettre de M. GUIZOT. 2 vol. 15 »

L. DE LOMÉNIE

BEAUMARCHAIS ET SON TEMPS, études sur la Société en France au XVIIIe siècle, d'après des documents inédits. —2e *édition.*— 2 vol. . . . 15 »

LORD MACAULAY

Traduit par GUILLAUME GUIZOT

ESSAIS HISTORIQUES ET BIOGRAPHIQUES. — 2 vol. . . . . 12 »

ESSAIS PHILOSOPHIQUES ET POLITIQUES, (*Sous presse*). 1 vol. . . . . 6 »

ESSAIS SUR LA LITTÉRATURE ANGLAISE. Précédés d'une Notice sur lord Macaulay, par *Guillaume Guizot.* (*Sous presse.*) — 1 vol. . . 6 »

ESSAIS SUR L'HISTOIRE D'ANGLETERRE (*Sous presse*).— 1 vol. . . 6 »

	fr. c.
JOSEPH DE MAISTRE	
CORRESPONDANCE DIPLOMATIQUE (1811-1817), recueillie et publiée par *Albert Blanc*. 2 vol.	15 »
MÉMOIRES POLITIQUES ET CORRESPONDANCE DIPLOMATIQUE, avec explications et commentaires historiques, par *Albert Blanc*. — 1 vol.	5 »
LE COMTE DE MARCELLUS	
CHATEAUBRIAND ET SON TEMPS. 1 vol.	7 50
LES GRECS ANCIENS ET LES GRECS MODERNES. — Études littéraires. — 1 vol.	7 50
SOUVENIRS DIPLOMATIQUES. Correspondance intime de M. de Chateaubriand. — *Nouv. édition*. — 1 vol.	5 »
VINGT JOURS EN SICILE. — 1 vol.	5 »
MÉRY	
NAPOLÉON EN ITALIE. Poème. — 1 magnifique volume	5 »
LE COMTE MIOT DE MÉLITO *Ancien ambassadeur, ministre, conseiller d'état et membre de l'Institut*	
SES MÉMOIRES, publiés par sa famille (1788-1815). 3 vol.	18 »
A. MONGINOT *Professeur de comptabilité, expert près les Cours et Tribunaux de Paris*	
NOUVELLES ÉTUDES SUR LA COMPTABILITÉ. TENUE DES LIVRES, commerciale, industrielle et agricole. Comprenant les Théories, les Modèles et la Critique des systèmes usités. — L'exposition d'une Méthode nouvelle. — Un Traité sur les vérifications. — Un résumé de Législation et de Jurisprudence spéciales, diverses notions sur les opérations de bourse, les changes et les arbitrages. — 2e *édit*. — 1 vol.	7 50
LE COMTE DE MONTALIVET	
LE ROI LOUIS-PHILIPPE (liste civile). *Nouv. édition*, entièrement revue et considérablement augmentée de notes, pièces justificatives et documents inédits, avec un portrait et un fac-simile du roi, et un plan du château de Neuilly — 1 vol.	6 »
MORTIMER-TERNAUX	
HISTOIRE DE LA TERREUR, 1792-1794, d'après des documents authentiques et inédits. Tome I et II. 2 v.	12 »
MICHEL NICOLAS	
DES DOCTRINES RELIGIEUSES DES JUIFS pendant les deux siècles antérieurs à l'ère chrétienne. 1 vol.	7 50
ESSAIS DE PHILOSOPHIE ET D'HISTOIRE RELIGIEUSE. 1 vol.	7 50
ÉTUDES CRITIQUES SUR LA BIBLE. — Ancien Testament. — 1 vol.	7 50
CHARLES NISARD	
LES GLADIATEURS DE LA RÉPUBLIQUE DES LETTRES. — 2 vol.	15 »
CASIMIR PÉRIER	
LES FINANCES DE L'EMPIRE. — 1/2 v.	1 »
LE TRAITÉ AVEC L'ANGLETERRE. — 2e *édit., rev. et augm.* — 1/2 vol.	1 50
A. PHILIPPE	
ROYER-COLLARD. Sa vie publique, sa vie privée, sa famille. 1 vol.	5 »
L. PHILIPPSON *Traduction de L. Lévy-Bing*	
DU DÉVELOPPEMENT DE L'IDÉE RELIGIEUSE dans le Judaïsme, le Christianisme et l'Islamisme. 1 vol.	6 »
L'ABBÉ PIERRE	
CONSTANTINOPLE, JÉRUSALEM ET ROME avec un plan de Jérusalem et une carte des côtes orientales de la Méditerranée. — 2 vol.	15 »
GUSTAVE PLANCHE	
PORTRAITS LITTÉRAIRES. — 2 vol.	7 »
LE COMTE DE PONTÉCOULANT	
SOUVENIRS HISTORIQUES ET PARLEMENTAIRES, extraits de ses papiers et de sa correspondance. — 1764-1848. — Tomes I et II. — 2 vol.	12 »
PRÉVOST-PARADOL	
ÉLISABETH ET HENRI IV. — 1595-1598 — 1 vol.	6 »
ESSAIS DE POLITIQUE ET DE LITTÉRATURE. — 2e *édition*. — 1 vol.	7 50
NOUVEAUX ESSAIS DE POLITIQUE ET DE LITTÉRATURE. — 1 vol.	7 50
EDGAR QUINET	
HISTOIRE DE LA CAMPAGNE DE 1815, — 1 vol. avec une carte	7 50
MERLIN L'ENCHANTEUR. 2 vol.	15 »
Mme RECAMIER	
SOUVENIRS ET CORRESPONDANCE tirés de ses papiers. — 3e *édition*. — 2 vol.	15 »
COPPET ET WEIMAR. — MADAME DE STAEL ET LA GRANDE DUCHESSE LOUISE. — Récits et Correspondances, par l'auteur des *Souvenirs de Madame Récamier*. 1 v.	7 50
CH. DE RÉMUSAT *de l'Académie française*	
POLITIQUE LIBÉRALE, ou Fragments pour servir à la défense de la Révolution française. 1 vol.	7 50
ERNEST RENAN *de l'Institut*	
AVERROÈS ET L'AVERROÏSME, essai historique. — 2e *édition, revue et corrigée*. — 1 vol.	7 50
LE CANTIQUE DES CANTIQUES, traduit de l'hébreu, avec une étude sur le plan, l'âge et le caractère du poème. — 2e *édition*. — 1 vol.	6 »
LA CHAIRE D'HÉBREU AU COLLÉGE DE FRANCE, explications à mes collègues. — Brochure.	1 »
DE L'ORIGINE DU LANGAGE. 3e *édition*. 1 vol.	6 »
DE LA PART DES PEUPLES SÉMITIQUES DANS L'HISTOIRE DE LA CIVILISATION. — 5e *édition*. — Brochure.	1 »
ESSAIS DE MORALE ET DE CRITIQUE. — 2e *édition*. — 1 vol.	7 50

ERNEST RENAN (*Suite*) fr. c.

ÉTUDES D'HISTOIRE RELIGIEUSE. — 3e *édition*. — 1 vol. 7 50

HISTOIRE ET SYSTÈME COMPARÉ DES LANGUES SÉMITIQUES. — 3e *édition*. (*Sous presse*). — 1 vol. . . . . . 12 »

LE LIVRE DE JOB, traduit de l'hébreu, avec une étude sur l'âge et le caractère du poëme. — 2e *édition*. — 1 vol. 7 50

D. JOSÉ GUEL Y RENTÉ

PENSÉES CHRÉTIENNES, POLITIQUES ET PHILOSOPHIQUES. — 1 vol.. . . 5 »

LOUIS REYBAUD
de l'Institut

ÉCONOMISTES MODERNES. — 1 vol.. . 7 50

ÉTUDES SUR LE RÉGIME DES MANUFACTURES. Condition des ouvriers en soie. 1 vol. 7 50

DU COTON ET DE SON INFLUENCE EN EUROPE. — 2e série des études sur le régime des manufactures (*sous presse*). — 1 volume. 7 50

LE COMTE R. R.

LA JUSTICE ET LA MONARCHIE POPULAIRE. — 1re *partie* : La Guerre d'Orient. — 1 vol. . . . . 3 »

J.-J. ROUSSEAU

ŒUVRES ET CORRESPONDANCE INÉDITES, publiées par M. Streckeisen-Moultou. — 1 vol. 7 50

LE MARÉCHAL DE St-ARNAUD

LETTRES (1832-1854), avec pièces justificatives. — 2e *édition*, précédée d'une notice par M. SAINTE-BEUVE. — 2 vol. ornés du portrait et d'un autographe . . . . 12 »

SAINTE BEUVE

POÉSIES (1re *série*), JOSEPH DELORME, nouvelle édition considérablement augmentée, 1 volume. 5 »

POÉSIES (2e *série*), LES CONSOLATIONS — PENSÉES D'AOUT. — nouvelle édition considérablement augmentée. — 1 volume . . . . 5 »

SAINT-MARC GIRARDIN
de l'Académie française

SOUVENIRS ET RÉFLEXIONS POLITIQUES D'UN JOURNALISTE. 1 vol. . . 7 50

LAFONTAINE ET LES FABULISTES (*sous presse*). — 2 vol. . . . . 15 »

SAINT-RENÉ-TAILLANDIER.

ÉTUDES SUR LA RÉVOLUTION EN ALLEMAGNE. — 2 vol. . . . . 15 »

J. SALVADOR

HISTOIRE DES INSTITUTIONS DE MOÏSE ET DU PEUPLE HÉBREU. 3e *édition*, *revue et augmentée d'une Introduction* sur l'avenir de la Question religieuse. — 2 vol. . . . . 15 »

PARIS, ROME, JÉRUSALEM, ou la Question religieuse au XIXe siècle. — 2 vol. . . . . 15 »

DE SÉNANCOUR

RÊVERIES. — 3e *édition*. — 1 vol. . 5 »

JAMES SPENCE. fr. c.

L'UNION AMÉRICAINE, ses effets sur le caractère national et la politique ; causes de la dissolution et étude du droit constitutionnel de séparation. — 1 vol. . . . . 6 »

A. DE TOCQUEVILLE

L'ANCIEN RÉGIME ET LA RÉVOLUTION. 4e *édition*. 1 vol. 7 50

ŒUVRES ET CORRESPONDANCE INÉDITES, précédées d'une Introduction. par *Gustave de Beaumont*. 2 vol. 15 »

E. DE VALBEZEN

LES ANGLAIS ET L'INDE, avec notes, pièces justificatives et tableaux statistiques. — 3e *édition*. 1 vol. . . . 7 50

OSCAR DE VALLÉE

ANTOINE LEMAISTRE ET SES CONTEMPORAINS. — Études sur le XVIIe siècle. — 2e *édition*. 1 vol 7 50

LE DUC D'ORLÉANS ET LE CHANCELIER D'AGUESSEAU. — Etudes morales et politiques. — 1 vol. 7 50

PAUL VARIN

EXPÉDITION DE CHINE. — 1 vol. . . 5 »

LE DOCTEUR L. VÉRON

QUATRE ANS DE RÈGNE. — OU EN SOMMES-NOUS ? — 1 vol. . . . . . 5 »

LOUIS DE VIEL-CASTEL

HISTOIRE DE LA RESTAURATION. 8 vol. . . . . 48 »

En vente, tomes I à V. 5 vol. 30 »

Tome VI (*Sous presse*.) 1 vol. . . 6 »

ALFR. DE VIGNY
de l'Académie française

ŒUVRES COMPLÈTES (NOUVELLE ÉDITION)

CINQ MARS, avec autographes de Richelieu et de Cinq-Mars. — 1 vol. 5 »

POÉSIES COMPLÈTES. — 1 vol. . . . . 5 »

SERVITUDE ET GRANDEUR MILITAIRE. — 1 vol. . . . . 5 »

STELLO. — 1 vol. . . . . 5 »

THÉATRE COMPLET. — 1 vol. . . . . . 5 »

VILLEMAIN
de l'Académie française

LA TRIBUNE MODERNE :

1re PARTIE. — M. DE CHATEAUBRIAND, sa vie, ses écrits, son influence littéraire et politique sur son temps. — 1 vol. 7 50

2e PARTIE (*sous presse*). 1 vol. . 7 50

L. VITET
de l'Académie française

L'ACADÉMIE ROYALE DE PEINTURE ET DE SCULPTURE. — Etude historique. — 1 vol . . . . 6 »

LE LOUVRE. Etude historique, *revue et augmentée* (*Sous pr.*). — 1 vol. 6 »

L'ÉGLISE NOTRE-DAME DE NOYON. Essai archéologique, suivi d'études sur les monuments et sur la musique du moyen âge. — 1 vol. . . 6 »

LE RÉV. CHRISTOPHER WORDSWORT

DE L'ÉGLISE ET DE L'INSTRUCTION PUBLIQUE EN FRANCE. — 1 vol. . . . 5 »

BIBLIOTHÈQUE CONTEMPORAINE
ET COLLECTION DE LA LIBRAIRIE NOUVELLE
Format grand in-18 à 3 francs le volume

vol.

EDMOND ABOUT

LETTRES D'UN BON JEUNE HOMME A SA COUSINE — 2e *édition*. 1
DERNIÈRES LETTRES D'UN BON JEUNE HOMME A SA COUSINE 1

AMÉDÉE ACHARD

LES CHATEAUX EN ESPAGNE. — Contes et Nouvelles. 1

***

VARIA. — Morale. — Politique. — Littérature. 4

ALFRED ASSOLLANT

D'HEURE EN HEURE. 1

XAVIER AUBRYET

LES JUGEMENTS NOUVEAUX 1

***

LES ZOUAVES ET LES CHASSEURS A PIED. 1

J. AUTRAN

ÉPITRES RUSTIQUES. 1
LABOUREURS ET SOLDATS. — 2e *édition, revue et corrigée* 1
LES POÈMES DE LA MER. — *Nouvelle édition, revue et considérablement augmentée*. 1
LA VIE RURALE. — Tableaux et Récits. 1

LE COMTE CÉSAR BALBO
Traduction J. Amigue.

HISTOIRE D'ITALIE. 2

J. BARBEY D'AUREVILLY

LES PROPHÈTES DU PASSÉ. 1

ALEX. BARBIER.

LETTRES FAMILIÈRES SUR LA LITTÉRATURE 1

J. BARTHÉLEMY SAINT-HILAIRE

LETTRES SUR L'ÉGYPTE — 2e *édition*. 1

CH. BATAILLE. — E. RASETTI.

ANTOINE QUÉRARD. — 1re *Série* des Drames de Village 2

L. BAUDENS
Inspecteur, membre du Conseil de santé des armées.

LA GUERRE DE CRIMÉE. — Les Campements, les Abris, les Ambulances, les Hôpitaux, etc. — 2e *édition*. . . 1

GUSTAVE DE BEAUMONT
de l'Institut.

L'IRLANDE SOCIALE, POLITIQUE ET RELIGIEUSE. — 7e *édition, revue et corrigée*, avec un avant-propos sur la situation actuelle de l'Irlande. . 2

ROGER DE BEAUVOIR

LES MEILLEURS FRUITS DE MON PANIER . 1

LA PRINCESSE DE BELGIOJOSO

ASIE MINEURE ET SYRIE. — Souvenirs de voyage. — *Nouvelle édition*. . . . 1
SCÈNES DE LA VIE TURQUE : Emina. — Un prince Kurde. — Les deux Femmes d'Ismaïl-Bey. 1
NOUVELLES SCÈNES DE LA VIE TURQUE (*Sous presse*). 1

GEORGES BELL

VOYAGE EN CHINE 1

vol.

LE MARQUIS DE BELLOY

LES COMÉDIES DE TÉRENCE. (*Trad.*) . 1

HECTOR BERLIOZ

A TRAVERS CHANTS, études musicales, adorations, boutades et critiques, (*Sous presse*) 1
LES GROTESQUES DE LA MUSIQUE. . . . 1
LES SOIRÉES DE L'ORCHESTRE. — 2e *édition, entièrem. revue et corrigée*. 1

CHARLES DE BERNARD
ŒUVRES COMPLÈTES

LES AILES D'ICARE 1
UN BEAU-PÈRE. 1
L'ÉCUEIL 1
LE GENTILHOMME CAMPAGNARD. . . . 2
GERFAUT 1
UN HOMME SÉRIEUX 1
LE NŒUD GORDIEN. 1
NOUVELLES ET MÉLANGES. 1
LE PARAVENT. 1
LA PEAU DU LION ET LA CHASSE AUX AMANTS. 1
POÉSIES ET THÉATRE. 1

EUGÈNE BERTHOUD

LE BAISER MORTEL. 1
SECRET DE FEMME 1

H. BLAZE DE BURY

LES AMIES DE GŒTHE (*Sous presse*). . 1
LE CHEVALIER DE CHASOT. Mémoires du temps de Frédéric-le-Grand. . . . 1
ÉCRIVAINS ET POÈTES DE L'ALLEMAGNE. 1
ÉPISODE DE L'HISTOIRE DU HANOVRE. — Les Kœnigsmark. 1
INTERMÈDES ET POÈMES. 1
SOUVENIRS ET RÉCITS DES CAMPAGNES D'AUTRICHE. 1

***

HOMMES DU JOUR : 2e *édition*. 1
LES SALONS DE VIENNE ET DE BERLIN. . 1
LES BONSHOMMES DE CIRE (*Sous pr.*) 1

WILLIAM BOLTS

HISTOIRE DES CONQUÊTES ET DE L'ADMINISTRATION DE LA COMPAGNIE ANGLAISE AU BENGALE. 1

LOUIS BOUILHET

POÉSIES, Festons et Astragales. . . . 1

FÉLIX BOVET

VOYAGE EN TERRE SAINTE. — 3e *édition, revue et corrigée*. 1

A. BRIZEUX

ŒUVRES COMPLÈTES. Édition définitive, augmentée d'un grand nombre de poésies inédites, précédée d'une étude sur BRIZEUX par SAINT-RENÉ TAILLANDIER, et ornée d'un portrait de Brizeux 2

LE PRINCE A. DE BROGLIE vol.
de l'Académie française
ÉTUDES MORALES ET LITTÉRAIRES . . 1

AUGUSTE CALLET
Ancien Membre des Assemblées nationales
L'ENFER. 1

JULES DE CÉNAR (CARNÉ)
PÉCHEURS ET PÉCHERESSES. 1

CLÉMENT CARAGUEL
LES SOIRÉES DE TAVERNY.— Contes et Nouvelles 1

MICHEL CERVANTES.
THÉATRE, traduit pour la première fois par Alphonse ROYER. 1

CHAMPFLEURY
CONTES VIEUX ET NOUVEAUX. 1
LES EXCENTRIQUES. — 2e *édition*. . . 1
LA MASCARADE DE LA VIE PARISIENNE. 1

A. CHARGUÉRAUD
LES BATARDS CÉLÈBRES, avec une introduction par *E. de Girardin*. 2e *éd*. 1

LE COMTE DE CHEVIGNÉ
CONTES REMOIS. 4e *édition*, illustrés de 34 dessins de Meissonier 1

F. CLAUDE
LES PSAUMES, traduction nouvelle, suivie de notes et réflexions 1
LE ROMAN DE L'AMOUR 1

Mme LOUISE COLET
LUI. — 3e *édition* 1

EUGÈNE CORDIER
LE LIVRE D'ULRICH. 1

H. CORNE
SOUVENIRS D'UN PROSCRIT. 1

CHARLES DE COURCY
LES HISTOIRES DU CAFÉ DE PARIS. . . 1

VICTOR COUSIN
De l'Académie française.
PHILOSOPHIE DE KANT 1
PHILOSOPHIE ÉCOSSAISE. 1
PHILOSOPHIE SENSUALISTE 1

CUVILLIER-FLEURY
ÉTUDES HISTORIQUES ET LITTÉRAIRES. 2
NOUVELLES ÉTUDES HISTORIQUES ET LITTÉRAIRES 1
DERNIÈRES ÉTUDES HISTORIQUES ET LITTÉRAIRES 2
HISTORIENS, POÈTES ET ROMANCIERS. . 2
PORTRAITS POLITIQUES ET RÉVOLUTIONNAIRES. — 2e *édition*. 1
VOYAGES ET VOYAGEURS 1

ALPHONSE DAUDET
LE ROMAN DU CHAPERON ROUGE. . . . 1

LE GÉNÉRAL DAUMAS vol.
LES CHEVAUX DU SAHARA ET LES MŒURS DU DÉSERT. — 4e *édition, revue et augmentée*, avec des Commentaires par l'émir Abd-el-Kader. 1

E. DELÉCLUZE
SOUVENIRS DE SOIXANTE ANNÉES. . . . 1

PAUL DELTUF
CONTES ROMANESQUES. 1
RÉCITS DRAMATIQUES 1

A. DESBARROLLES
VOYAGE D'UN ARTISTE EN SUISSE A 3 FR. 50 C. PAR JOUR. 2e *édition* . 1

EMILE DESCHANEL
CAUSERIES DE QUINZAINE. 1
CHRISTOPHE COLOMB. 1

CHARLES DOLLFUS
LETTRES PHILOSOPHIQUES. 2e *édit*. 1
RÉVÉLATIONS ET RÉVÉLATEURS. 1

MAXIME DUCAMP
EXPÉDITION DE SICILE.— Souvenirs personnels. 1

J. A. DUCONDUT
ESSAI DE RHYTHMIQUE FRANÇAISE, Introduction théorique. — Manuel lyrique et Préludes. 1

E. DUFOUR
LES GRIMPEURS DES ALPES (Peaks, Passes and Glaciers). Trad. de l'anglais. 1

ALEXANDRE DUMAS
LES GARIBALDIENS, révolutions de Sicile et de Naples. 1

ALEXANDRE DUMAS FILS
CONTES ET NOUVELLES. 1

CAMILLE DUTRIPON
EDMÉE. 1

CHARLES EDMOND
SOUVENIRS D'UN DÉPAYSÉ. 1

Mme ELLIOTT
MÉMOIRES SUR LA RÉVOLUTION FRANÇAISE, traduits par M. le comte de Baillon, avec une appréciation critique de M. Sainte-Beuve et un beau portrait gravé sur acier. — 2e *édition* 1

L. ET M. ESCUDIER
DICTIONNAIRE DE MUSIQUE THÉORIQUE ET HISTORIQUE, avec une préface par *F. Halévy*. — *Nouvelle édition*. 1

ALPHONSE ESQUIROS
LA NÉERLANDE ET LA VIE HOLLANDAISE. 2

FÉTIS
LA MUSIQUE DANS LE PASSÉ, DANS LE PRÉSENT ET DANS L'AVENIR (*sous presse*). 2

FEUILLET DE CONCHES vol.

LÉOPOLD ROBERT, sa vie, ses œuvres et sa correspondance. — *Nouvelle édition* 1

OCTAVE FEUILLET

de l'Académie française

BELLAH. — 5e *édition*. 1
HISTOIRE DE SIBYLLE. 1
LA PETITE COMTESSE, le Parc, Onesta. — *Nouvelle édition*. 1
LE ROMAN D'UN JEUNE HOMME PAUVRE. — *nouvelle édition*. 1
SCÈNES ET COMÉDIES.—*Nouv. édition*. 1
SCÈNES ET PROVERBES.—*Nouv. édit*. . 1

PAUL FÉVAL.

QUATRE FEMMES ET UN HOMME.—2e *édit*. 1

ERNEST FEYDEAU

ALGER. — Étude 2e *édition*. 1
LE MARI DE LA DANSEUSE 2

LOUIS FIGUIER.

LES EAUX DE PARIS, leur passé, leur état présent, leur avenir, avec une 1
carte hydrographique et géologique du bassin de Paris (coloriée) 2e *éd*. 1

GUSTAVE FLAUBERT.

MADAME BOVARY. *Nouvelle édit. revue*. 1

EUGÈNE FORCADE

ÉTUDES HISTORIQUES. 1
HISTOIRE DES CAUSES DE LA GUERRE D'ORIENT. 1

MARC FOURNIER

LE MONDE ET LA COMÉDIE (*Sous presse*) 1

VICTOR FRANCONI

LE CAVALIER, Cours d'équitation pratique. — 2e *édition, revue et augmentée*. 1
L'ÉCUYER, Cours d'équitation pratique. 1

ARNOULD FRÉMY

LES MŒURS DE NOTRE TEMPS. 1

EUGÈNE FROMENTIN

UNE ANNÉE DANS LE SAHEL. — 2e *éd*. 1
UN ÉTÉ DANS LE SAHARA.—2e *édition*. 1

LÉOPOLD DE GAILLARD

QUESTIONS ITALIENNES : Voyage. — Histoire.— Politique. 1

P. GARREAU

ESSAI SUR LES PREMIERS PRINCIPES DES SOCIÉTÉS. 1

LE Cte AGÉNOR DE GASPARIN

LE BONHEUR. — 2e *édition*. 1
UN GRAND PEUPLE QUI SE RELÈVE. — Les États-Unis en 1861. 2e *édition revue et corrigée*. 1

***

LES HORIZONS CÉLESTES.— 6e *édit*. . 1
LES HORIZONS PROCHAINS.— 5e *édit*. 1
VESPER. — 4e *édition*. 1

THÉOPHILE GAUTIER vol.

EN GRÈCE ET EN AFRIQUE (*Sous presse*) 1

JULES GÉRARD

Le Tueur de Lions

VOYAGES ET CHASSES DANS L'HIMALAYA 1

LÉON GOZLAN.

BALZAC CHEZ LUI. — SOUVENIRS DES JARDIES. 1
HISTOIRE D'UN DIAMANT.—2e *édition*. 1

GRÉGOROVIUS

Traduction de F. Sabatier

LES TOMBEAUX DES PAPES ROMAINS, av. une introduction de J. J. AMPÈRE. 1

F. DE GROISEILLIEZ

LES COSAQUES DE LA BOURSE OU LE JEU DU DIABLE. 1
HISTOIRE DE LA CHUTE DE LOUIS-PHILIPPE. 1

AD. GUÉROULT

ÉTUDES DE POLITIQUE ET DE PHILOSOPHIE RELIGIEUSE 1

F. HALÉVY

de l'Institut, secrétaire perpétuel de l'Académie des Beaux-Arts.

SOUVENIRS ET PORTRAITS. — Études sur les Beaux-Arts. 1
DERNIERS SOUVENIRS ET PORTRAITS, suivis de quelques lettres inédites. . 1

B. HAURÉAU

SINGULARITÉS HISTORIQUES ET LITTÉRAIRES. 1

LE COMTE D'HAUSSONVILLE

HISTOIRE DE LA POLITIQUE EXTÉRIEURE DU GOUVERNEMENT FRANÇAIS (1830-1848). Avec notes, pièces justificatives et documents diplomatiques entièrement inédits. — *Nouvelle édition*. 2
HISTOIRE DE LA RÉUNION DE LA LORRAINE A LA FRANCE. Avec notes, pièces justificatives et documents historiques entièrement inédits. — 2e *édition, revue et corrigée*. . . 4

***

MARGUERITE DE VALOIS. (*Sous presse*) 1
ROBERT EMMET. — 2e *édition*. 1
SOUVENIRS D'UNE DEMOISELLE D'HONNEUR DE LA DUCHESSE DE BOURGOGNE 2e *édition*. 1

HENRI HEINE

ŒUVRES COMPLÈTES

DE LA FRANCE. — *Nouvelle édition*. . 1
DE L'ALLEMAGNE.— *Nouvelle édition, entièrement revue et augmentée de fragments inédits*. 2
LUTÈCE, lettres sur la vie politique, artistique et sociale de la France. — 5e *édition*. 1
POÈMES ET LÉGENDES.—*Nouv. édition*. 1
REISEBILDER, tableaux de voyage.—

HENRI HEINE (*Suite*) vol.

Nouvelle édition, revue, considérablement augmentée, précédée d'une étude sur Henri Heine, par *Théophile Gautier*, et ornée d'un portrait. 2

CAMILLE HENRY

LE ROMAN D'UNE FEMME LAIDE. 2e *édit.* 1
LE ROMAN D'UNE JOLIE FEMME (*Sous pr.*). 1
UNE NOUVELLE MADELEINE. 1

HOFFMANN
Traduction de Champfleury

CONTES POSTHUMES. 1

ROBERT HOUDIN

CONFIDENCES D'UN PRESTIDIGITATEUR. . 2

ARSÈNE HOUSSAYE

MADEMOISELLE MARIANI, histoire parisienne (1858). — 4e *édition*. 1

CHARLES HUGO

LE COCHON DE SAINT-ANTOINE (*Sous pr.*) 1
UNE FAMILLE TRAGIQUE. 1

UN INCONNU

MONSIEUR X ET MADAME ***. 1

ALFRED JACOBS

L'OCÉANIE NOUVELLE. — Colonies, Migrations et Mélanges. 1

PAUL JANET

LA FAMILLE. — LEÇONS DE PHILOSOPHIE MORALE, ouvrage couronné par l'Académie française. — 4e *édition*. . . 1

JULES JANIN

BARNAVE. *Nouvelle édition*. 1
LES CONTES DU CHALET. 1
HISTOIRE DE LA LITTÉRATURE DRAMATIQUE. 6

KARL-DES-MONTS

LES LÉGENDES DES PYRÉNÉES. — 4e *éd.* 1

ALPHONSE KARR

DE LOIN ET DE PRÈS. — 2e *édition* . . 1
EN FUMANT — 2e *édition*. 1
LETTRES ÉCRITES DE MON JARDIN. . . 1
LE ROI DES ILES CANARIES (*Sous presse*). 1
SUR LA PLAGE. 1

LABRUYÈRE

LES CARACTÈRES. — *Nouvelle édition, commentée par* A. DESTAILLEUR. . 2

LAMARTINE

LES CONFIDENCES, *nouvelle édition*. 1
GENEVIÈVE, Histoire d'une Servante. 2e *édition*. 1
NOUVELLES CONFIDENCES. 2e *édition*. 1
TOUSSAINT LOUVERTURE. 3e *édition*. . 1

LE PRINCE DE LA MOSKOWA vol.

SOUVENIRS ET RÉCITS. 1

LANFREY

LES LETTRES D'ÉVERARD 1

VICTOR DE LAPRADE
de l'Académie française

POÈMES ÉVANGÉLIQUES. — 3e *édition*, augmentée d'un chapitre de la *Poétique chrétienne*, ouvrage couronné par l'Académie française. 1
PSYCHÉ. — Odes et Poëmes. — *Nouvelle édition*, augmentée de Pièces nouvelles. 1
LES SYMPHONIES. — IDYLLES HÉROÏQUES. — *Nouvelle édition, augmentée de pièces inédites*. 1

FERDINAND DE LASTEYRIE.

LES TRAVAUX DE PARIS, examen critique. 1

ÉMILE DE LATHEULADE

DE LA DIGNITÉ HUMAINE. 1

ANTOINE DE LATOUR

ÉTUDES SUR L'ESPAGNE. 2
LA BAIE DE CADIX. — NOUVELLES ÉTUDES SUR L'ESPAGNE. 1
TOLÈDE ET LES BORDS DU TAGE. — NOUVELLES ÉTUDES SUR L'ESPAGNE . . . 1
L'ESPAGNE RELIGIEUSE ET LITTÉRAIRE, — pages détachées 1

CHARLES DE LA VARENNE

VICTOR EMMANUEL II ET LE PIÉMONT. 1

CH. LAVOLLÉE

LA CHINE CONTEMPORAINE. 1

ERNEST LEGOUVÉ
de l'Académie française

LECTURES A L'ACADÉMIE 1

JOHN LEMOINNE

ÉTUDES CRITIQUES ET BIOGRAPHIQUES. 1
NOUVELLES ÉTUDES CRITIQUES ET BIOGRAPHIQUES 1

CH. LIADIÈRES

ŒUVRES DRAMATIQUES ET LÉGENDES. 1
SOUVENIRS HISTORIQUES ET PARLEMENTAIRES 1

FRANZ LISZT

DES BOHÉMIENS ET DE LEUR MUSIQUE EN HONGRIE 1

LE ROI LOUIS-PHILIPPE

MON JOURNAL. Événements de 1815. . 2

LE VICOMTE DE LUDRE

DIX ANNÉES DE LA COUR DE GEORGES II 1

CHARLES MAGNIN

HISTOIRE DES MARIONNETTES EN EUROPE, depuis l'antiquité jusqu'à nos jours. — 2e *édition, revue et corrigée* 1

ÉDOUARD PLOUVIER	vol.
LA BELLE AUX CHEVEUX BLEUS. 2e *édit.*	1

LE PRINCE A. DE POLIGNAC
Traducteur

LE FAUST DE GOETHE, avec une Préface d'*Arsène Houssaye*	1

F. PONSARD
de l'Académie française

ÉTUDES ANTIQUES	1
THÉÂTRE COMPLET : 3e *édition*	1

A. DE PONTMARTIN

CAUSERIES LITTÉRAIRES. — *Nouvelle édition*	1
NOUVELLES CAUSERIES LITTÉRAIRES. — 2e *édition, revue et augmentée d'une préface*	1
DERNIÈRES CAUSERIES LITTÉRAIRES	1
CAUSERIES DU SAMEDI. — 2e *série des* CAUSERIES LITTÉRAIRES.— *Nouvelle édition*	1
NOUVELLES CAUSERIES DU SAMEDI. — 2e *édition*	1
DERNIÈRES CAUSERIES DU SAMEDI	1
LE FOND DE LA COUPE. — Nouvelles.	1
LES JEUDIS DE Mme CHARBONNEAU.	1
LES SEMAINES LITTÉRAIRES	1
NOUVELLES SEMAINES LITTÉRAIRES (*S. pr.*)	1

EUGÈNE POUJADE

LE LIBAN ET LA SYRIE	1

VICTOR POUPIN

UN MARIAGE ENTRE MILLE	1

PRÉVOST-PARADOL

QUELQUES PAGES D'HISTOIRE CONTEMPORAINE. Lettres politiques	1

F. PUAUX

HISTOIRE DE LA RÉFORMATION FRANÇAISE	6

LOUIS RATISBONNE

L'ENFER DU DANTE, traduction en vers, texte en regard. — 3e *édition.* Ouvrage couronné par l'Académie française.	2
LE PURGATOIRE DU DANTE, traduit en vers, texte en regard	2
LE PARADIS DU DANTE, traduit en vers, texte en regard	2
IMPRESSIONS LITTÉRAIRES	1
MORTS ET VIVANTS. — Nouvelles Impressions littéraires	1

PAUL DE RÉMUSAT

LES SCIENCES NATURELLES. Études sur leur histoire et sur leurs plus récents progrès	1

D. JOSE GUELL Y RENTE

LÉGENDES AMÉRICAINES	1
LÉGENDES D'UNE AME TRISTE	1
TRADITIONS AMÉRICAINES	1
LA VIERGE DES LYS. — PETITE FILLE DE ROI	1

LOUIS REYBAUD	vol.
LA COMTESSE DE MAULÉON	1
JÉRÔME PATUROT A LA RECHERCHE D'UNE POSITION SOCIALE. — *Nouvelle édition*	1
JÉRÔME PATUROT A LA RECHERCHE DE LA MEILLEURE DES RÉPUBLIQUES. — *Nouvelle édition*	2
MARINES ET VOYAGES	1
MŒURS ET PORTRAITS DU TEMPS	2
NOUVELLES	1
ROMANS	1
SCÈNES DE LA VIE MODERNE	1
LA VIE A REBOURS	1
LA VIE DE CORSAIRE	1
LA VIE DE L'EMPLOYÉ	1

CHARLES REYNAUD

ÉPÎTRES, CONTES ET PASTORALES	1
ŒUVRES INÉDITES	1

HENRI RIVIÈRE

LA MAIN COUPÉE	1

AMÉDÉE ROLLAND

LA FOIRE AUX MARIAGES.— 2e *édition*	1
LES MARIONNETTES DE L'AMOUR (*S. pr.*)	1

JEAN ROUSSEAU

LES COUPS D'ÉPÉE DANS L'EAU	1
PARIS DANSANT.— 2e *édition*	1

C.-A. SAINTE-BEUVE
de l'Académie française

NOUVEAUX LUNDIS (*Sous presse*)	2

SAINT-RÉNÉ TAILLANDIER

ALLEMAGNE ET RUSSIE. Études historiques et littéraires	1
LA COMTESSE D'ALBANY	
HISTOIRE ET PHILOSOPHIE RELIGIEUSE.	1
LITTÉRATURE ÉTRANGÈRE. — ÉCRIVAINS ET POÈTES MODERNES	1

GEORGE SAND
ŒUVRES CHOISIES

ANDRÉ	1
ELLE ET LUI	1
LA FAMILLE DE GERMANDRE	1
INDIANA	1
JEAN DE LA ROCHE	1
LES MAITRES MOSAISTES	1
LES MAÎTRES SONNEURS	1
LA MARE AU DIABLE	1
LE MARQUIS DE VILLEMER	1
MAUPRAT	1
MONT-REVÊCHE	1
NOUVELLES	1
LA PETITE FADETTE	1
TAMARIS	1
VALENTINE	1
VALVÈDRE	1
LA VILLE NOIRE	1

MAURICE SAND

SIX MILLE LIEUES A TOUTE VAPEUR	1

JULES SANDEAU
De l'Académie française

CATHERINE — *Nouvelle édition*	1
UN DÉBUT DANS LA MAGISTRATURE	1
LA MAISON DE PENARVAN.—8e *édition*	1

FRANCISQUE SARCEY vol.
LE MOT ET LA CHOSE. 1

EUGÈNE SCRIBE
HISTORIETTES ET PROVERBES 1

WILLIAM N. SENIOR
LA TURQUIE CONTEMPORAINE. 1

DE STENDHAL (H. BEYLE)
ŒUVRES COMPLÈTES
DE L'AMOUR. *Seule édition complète.* 1
LA CHARTREUSE DE PARME. *Nouv. éd.* 1
CHRONIQUES ITALIENNES 1
CORRESPONDANCE INÉDITE, précédée d'une Introduction par Prosper Mérimée, de l'Académie française, ornée d'un beau portrait de Stendhal. 2
HISTOIRE DE LA PEINTURE EN ITALIE, *seule édition complète* entièrement revue et corrigée. 1
MÉMOIRES D'UN TOURISTE. *Nouvelle édition* revue et augmentée d'une grande partie entièrement inédite. . 2
NOUVELLES INÉDITES 1
NOUVELLES ET MÉLANGES. (*Sous pr.*). 1
PROMENADES DANS ROME. *Nouv. édition* avec fragments inédits 2
RACINE ET SHAKSPEARE, Études sur le Romantisme. — *Nouv. édition* entièrement revue et augmentée d'un grand nombre de fragments inédits. 1
ROMANS ET NOUVELLES, précédés d'une Notice sur STENDHAL, par M. R. COLOMB. 1
ROME, NAPLES ET FLORENCE. *Nouvelle édition* entièrement revue et corrigée 1
LE ROUGE ET LE NOIR. *Nouv édition* 1
VIE DE ROSSINI. *Nouv. édition*, entièrement revue et augmentée 1
VIES DE HAYDN, DE MOZART ET DE MÉTASTASE. *Nouv. édit.* entièrem. rev. 1

DANIEL STERN
ESSAI SUR LA LIBERTÉ, considérée comme principe et fin de l'activité humaine.—*Nouv. édition, revue.* 1
FLORENCE ET TURIN, Souvenirs et Espérances 1

MATHILDE STEV
LE OUI ET LE NON DES FEMMES 1

TÉRENCE.
SES COMÉDIES, trad par *A. de Belloy.* 1

EDMOND TEXIER
CONTES ET VOYAGES 1
CRITIQUES ET RÉCITS LITTÉRAIRES. . . 1

CH. THIERRY-MIEG
SIX SEMAINES EN AFRIQUE, Souvenirs de voyage, avec une carte itinéraire de *V. A Malte-Brun* et 9 dessins de *Worms*. 1

A. THIERS
HISTOIRE DE LAW 1

ÉMILE THOMAS
HISTOIRE DES ATELIERS NATIONAUX, considérés sous le double point de vue politique et social; des causes de leur formation et de leur existence; et de l'influence qu'ils ont exercée sur les événements des quatre premiers mois de la République; suivie de pièces justificatives. 1

TIRSO DE MOLINA vol.
THÉATRE. — Traduit pour la première fois par *Alphonse Royer*. . 1

MARIO UCHARD
LE MARIAGE DE GERTRUDE. 1
RAYMON..—*2e édition*. 1

AUGUSTE VACQUERIE
PROFILS ET GRIMACES. 1

E. DE VALBEZEN
(*Le major Fridolin*)
LA MALLE DE L'INDE. — *2e édition.* . 1
RÉCITS D'HIER ET D'AUJOURD'HUI. — Nouvelles. 1

OSCAR DE VALLÉE
LES MANIEURS D'ARGENT. Études historiques et morales (1720-1857). — *4e édition, revue et précédée d'une nouvelle introduction*. 1

MAX VALREY
CES PAUVRES FEMMES ! 1
LES VICTIMES DU MARIAGE 1

THÉODORE VERNES
NAPLES ET LES NAPOLITAINS.—*2e édit.* 1

SAMUEL VINCENT
DU PROTESTANTISME EN FRANCE.—*Nouvelle édition*, précédée d'une introduction de M. PRÉVOST-PARADOL. . 1

LEON VINGTAIN
DE LA LIBERTÉ DE LA PRESSE, avec un Appendice contenant les avertissements, suspensions et suppressions encourus par la presse quotidienne et périodique, depuis 1848 jusqu'à nos jours 1
VIE PUBLIQUE DE ROYER-COLLARD, Études parlementaires, avec une préface de M. *A. de Broglie*. 1

L. VITET
de l'Académie française
ESSAIS HISTORIQUES ET LITTÉRAIRES. 1
LA LIGUE. — SCÈNES HISTORIQUES : Les États de Blois. — Histoire de la Ligue. — Les Barricades. — La mort de Henri III. — Précédées des ÉTATS D'ORLÉANS, SCÈNES HISTORIQUES. — *Nouvelle édition, revue et corrigée*. 2
HISTOIRE DE DIEPPE.— *Nouvelle édit. revue et augmentée* (*Sous presse*). 1
ÉTUDES SUR L'HISTOIRE DE LA PEINTURE, et des arts du dessin, en Italie, en France et dans les Pays-Bas (*S. pr.*) 2

RICHARD WAGNER
QUATRE POÈMES D'OPÉRAS ALLEMANDS traduits en prose française 1

FRANCIS WEY
CHRISTIAN (*roman inédit*). 1

E. YEMENIZ
Consul de Grèce.
LA GRÈCE MODERNE.— Héros et Poètes. 1

BIBLIOTHÈQUE NOUVELLE

Format grand in-18 à 2 francs le volume

	vol.
EDMOND ABOUT	
LE CAS DE M. GUÉRIN	1
LE NEZ D'UN NOTAIRE	1
AMÉDÉE ACHARD	
BELLE-ROSE	1
NELLY	1
ALBERT AUBERT	
LES ILLUSIONS DE JEUNESSE DE M. BOUDIN	1
BABAUD-LARIBIÈRE	
HISTOIRE DE L'ASSEMBLÉE NATIONALE CONSTITUANTE	2
H. DE BARTHÉLEMY	
LA NOBLESSE EN FRANCE, avant et depuis 1789	1
Mme DE BAWR	
NOUVELLES	1
RAOUL ou l'Énéïde	1
ROBERTINE	1
LES SOIRÉES DES JEUNES PERSONNES	1
FRÉDÉRIC BÉCHARD	
LES EXISTENCES DÉCLASSÉES. — 4e *édition*	1
L'ÉCHAPPÉ DE PARIS. — Nouv. série des *Existences déclassées. 2e édition*	1
GEORGES BELL	
LES REVANCHES DE L'AMOUR	1
PIERRE BERNARD	
L'A B C DE L'ESPRIT ET DU CŒUR	1
ALBERT BLANQUET	
LE ROI D'ITALIE, roman historique	1
RAOUL BRAVARD	
CES SAVOYARDS !...	1
E. BRISEBARRE & E. NUS	
LES DRAMES DE LA VIE	2
CLÉMENT CARAGUEL	
SOUVENIRS ET AVENTURES D'UN VOLONTAIRE GARIBALDIEN	1
COMTESSE DE CHABRILLAN	
EST-IL FOU ?	1
MISS PEWEL	1
EUGÈNE CHAPUS	
LES HALTES DE CHASSE. — 2e *édition*	1
MANUEL DE L'HOMME ET DE LA FEMME COMME IL FAUT. — 5e *édition*	1
A. CONSTANT	
LE SORCIER DE MEUDON	1
COMTESSE DASH	
LE LIVRE DES FEMMES	1
DÉCEMBRE-ALONNIER	
LA BOHÊME LITTÉRAIRE	1
ÉDOUARD DELESSERT	
LE CHEMIN DE ROME	1
CH. DESLYS	
SUR LA CÔTE NORMANDE	1
CH. DICKENS	
Traduction Amédée Pichot	
HISTORIETTES ET RÉCITS DU FOYER	1
CH. DOLLFUS	
LE CALVAIRE	1
LIBERTÉ ET CENTRALISATION	1
MAXIME DUCAMP	
LES CHANTS MODERNES	1
LE CHEVALIER DU CŒUR-SAIGNANT	1
L'HOMME AU BRACELET D'OR. — 2e *éd.*	1
LE NIL (Égypte et Nubie). — 2e *édition*	1
LE SALON DE 1859	1
LE SALON DE 1861	1
JOACHIM DUFLOT	
LES COULISSES DES THÉATRES DE PARIS, Mœurs, Usages, Anecdotes, avec une préface de J. NORIAC	1
ALEXANDRE DUMAS	
L'ART ET LES ARTISTES CONTEMPORAINS au salon de 1859	1
UNE AVENTURE D'AMOUR	1
LES COMPAGNONS DE JÉHU	2
LA MARQUISE D'ESCOMAN	2
MONSIEUR COUMBES	1
DE PARIS A ASTRAKAN. — 1re, 2e et 3e *séries*	3
XAVIER EYMA	
LE ROMAN DE FLAVIO	1
ANTOINE GANDON	
LES TRENTE-DEUX DUELS DE JEAN GIGON. — 10e *édition*	1
LE GRAND GODARD. — 4e *édition*	1
L'ONCLE PHILIBERT, histoire d'un peureux, 3e *édition*	1
ÉMILE DE GIRARDIN	
BON SENS, BONNE FOI	1
LE DROIT AU TRAVAIL au Luxembourg et à l'Assemblée nationale	
ÉTUDES POLITIQUES, *nouvelle édition*	1
LE POUR ET LE CONTRE	1
QUESTIONS ADMINISTRATIVES ET FINANCIÈRES	1
EDMOND ET JULES DE G[illegible]COURT	
SŒUR PHILOMÈNE	1
ÉDOUARD GOURDON	
LOUISE. — 10e *édition*	1
LES FAUCHEURS DE NUIT. — 3e *édition*	1
LEON GOZLAN	
L'AMOUR DES LÈVRES ET L'AMOUR DU CŒUR	1
ARISTIDE FROISSART	1
LES AVENTURES DU PRINCE DE GALLES	1
LE PLUS BEAU RÊVE D'UN MILLIONNAIRE	1
Mme MARIE DE GRANFORT	
OCTAVE. — COMMENT ON S'AIME QUAND ON NE S'AIME PLUS	1
ED. GRIMARD	
L'ÉTERNEL FÉMININ	1
JULES GUÉROULT	
FABLES	1

L. D'HAUTECOUR, BARON D'AUDELANGE vol.
L'ERMITE DE MATAPAN. 1

CAMILLE HENRY
DARIE OU LES QUATRE AGES D'UN AMOUR. 1

CHARLES D'HÉRICAULT
LA FILLE AUX BLUETS. — UN PAYSAN DE L'ANCIEN RÉGIME.— 2e *édition*. . . . 1
LES PATRICIENS DE PARIS 1

LA REINE HORTENSE
(Fragments de Mémoires inédits)
LA REINE HORTENSE EN ITALIE, EN FRANCE ET EN ANGLETERRE PENDANT L'ANNÉE 1831. 1

A. JAIME FILS
L'HÉRITAGE DU MAL. 1
LES TALONS NOIRS. — 2e *édition*. . . . 1

JULES JANIN
CONTES FANTASTIQUES ET LITTÉRAIRES. 1

LOUIS JOURDAN
LES PEINTRES FRANÇAIS. — SALON DE 1859. 1

Mme LA MARQUISE DE LA GRANGE
LA RÉSINIÈRE D'ARCACHON. 1

G. DE LA LANDELLE
UNE HAINE A BORD. 1

STEPHEN DE LA MADELAINE
UN CAS PENDABLE. 1

F. LAMENNAIS
DE LA SOCIÉTÉ PREMIÈRE et de ses lois. 1

LARDIN & Mlle D'AGHONNE
JEANNE DE FLERS. 1

FANNY LOVIOT
LES PIRATES CHINOIS. — 3e *édition*. . 1

LOUIS LURINE
VOYAGE DANS LE PASSÉ. 1

AUGUSTE MAQUET
LA BELLE GABRIELLE 3
LE COMTE DE LAVERNIE. 3
DETTES DE CŒUR. — 3e *édition*. 1
L'ENVERS ET L'ENDROIT. 2
LA MAISON DU BAIGNEUR. 2

MÉRY
LE PARADIS TERRESTRE. — 2e *édition*. 1
MARSEILLE ET LES MARSEILLAIS.— 2e *édition*. 1

ALFRED MICHIELS
CONTES D'UNE NUIT D'HIVER. 1

EUGÈNE DE MIRECOURT
LES CONFESSIONS DE MARION DELORME. 3

L. MOLAND
LE ROMAN D'UNE FILLE LAIDE. 1

HENRY MONNIER
MÉMOIRES DE M. JOSEPH PRUDHOMME. 1

MARC MONNIER vol.
HISTOIRE DU BRIGANDAGE DANS L'ITALIE MÉRIDIONALE. 2e *édition* 1

CHARLES NARREY
LE QUATRIÈME LARRON 2e *édition*. . . 1

HENRI NICOLLE
COURSES DANS LES PYRÉNÉES. 1

JULES NORIAC
LA BÊTISE HUMAINE. — 13e *édition*. . 1
LE 101e RÉGIMENT. — *Nouvelle édition*. 1
LA DAME A LA PLUME NOIRE. 2e *édit*. 1
LE GRAIN DE SABLE. — 8e *édition*. . . 1
SUR LE RAIL. 1

LAURENCE OLIPHANT
VOYAGE PITTORESQUE D'UN ANGLAIS EN RUSSIE ET SUR LE LITTORAL DE LA MER NOIRE ET DE LA MER D'AZOF. 1

ÉDOUARD OURLIAC
SUZANNE.— *Nouv. édition*... 1

PARMENTIER
DESCRIPTION TOPOGRAPHIQUE DE LA GUERRE TURCO-RUSSE. 1

H. DE PÈNE
UN MOIS EN ALLEMAGNE : Nauheim. . . 1

CHARLES PERRIER
L'ART FRANÇAIS AU SALON DE 1857 . . 1

CHARLES RABOU
LOUISON D'ARQUIEN. 1
LES TRIBULATIONS DE MAÎTRE FABRICIUS. 1
LE CAPITAINE LAMBERT. 1

ROGER DE BEAUVOIR
COLOMBES ET COULEUVRES. 1
LES MYSTÈRES DE L'ILE SAINT-LOUIS. . . 1
LES ŒUFS DE PAQUES. 1

GIOVANI RUFINI
MÉMOIRES D'UN CONSPIRATEUR ITALIEN. 1

JULES SANDEAU
UN HÉRITAGE. 1

VICTORIEN SARDOU
LA PERLE NOIRE. 1

Mme SURVILLE (née de Balzac)
LE COMPAGNON DU FOYER 1

EDMOND TEXIER
LA GRÈCE ET SES INSURRECTIONS, avec carte. 1

A. VERMOREL
DESPÉRANZA. 1

Dr L. VÉRON
PARIS EN 1860. — LES THÉATRES DE PARIS DE 1806 A 1860, avec gravures. 1

LE DOCTEUR YVAN & CALLÉRY
L'INSURRECTION EN CHINE, avec portrait et carte. 1

***
MÉMOIRES DE BILBOQUET. 3

L'Héritier du diable. Les Joyeulsetés du roy loys le unziesme. La Connestable. La Pucelle de Thilhouse. Le Frere d'armes. Le Curé d Azay-le-Rideau. L'Apostrophe.

Tome 42. 2e *dixain*. — LES TROIS CLERCS DE SAINCT-NICHOLAS. Le jeusne de Francoys premier. Les bons proupos des religieuses de Poissy. Comment feut Basty le chasteau d'Azay. La faulse courtisane. Le dangier d'estre trop coquebin. La chiere nuictée d'amour. Le prosne du joyeulx curé de Meudon. Le Succube. Désespérance d'amour.

Tome 43. 3me *dixain*. — Persévérance d'amour. D'ung iusticiard qui ne se remembroyt les chouses. Sur le moyne Amador, qui feut un glorieux abbé de Turpenay. Berthe la repentie. Comment la belle fille de Portillon quinaulda son iuge. Cy est remonstré que la fortune est touiours femelle. D'ung paouvre qui avoyt nom le vieulx par-chemins. Dires incongrus de trois pèlerins. Naïfveté. La belle Impéria mariée.

THÉATRE

Tome 44.— VAUTRIN, drame en 5 actes. Les Ressources de Quinola, comédie en 5 actes et un prologue. Paméla Giraud, pièce en 5 actes.

Tome 45.— LA MARATRE, drame intime en 5 actes et 8 tableaux. Le Faiseur (Mercadet), comédie en 5 actes entièrement conforme au manuscrit de l'auteur.)

OUVRAGES DE DIVERS FORMATS

fr. c

GEORGES BELL

LE MIROIR DE CAGLIOSTRO (Hypnotisme). —1 vol. in-18. . . . . . . 1 »

J. BRUNTON

LES 40 PRÉCEPTES DU JEU DE WHIST. 1 50

ALFRED BUSQUET

LA NUIT DE NOEL. poëme. — 1 joli vol. in-32 carré . . . . 1 »

LOUIS JOURDAN

LES PRIÈRES DE LUDOVIC.—1 v. in-32 1 »

LASSABATHIE

Administrateur du Conservatoire

HISTOIRE DU CONSERVATOIRE IMPÉRIAL DE MUSIQUE ET DE DÉCLAMATION, suivie de documents recueillis et mis en ordre. — 1 vol. grand in-18. . . . . 5 »

AUGUSTE LUCHET.

LA CÔTE D'OR A VOL D'OISEAU.—1 v. grand in-18. . . . . 2 »

LA SCIENCE DU VIN.—1 v. gr. in-18. 2 50

P. MORIN fr. c.

COMMENT L'ESPRIT VIENT AUX TABLES. —1 vol. in-18. . . . . 1 50

LE PRINCE DE LA MOSKOWA

LE SIÉGE DE VALENCIENNES, 1 vol. in-18, avec carte. . . . . 1 »

A. PEYRAT

UN NOUVEAU DOGME, histoire de l'Immaculée Conception.—1 vol. in-18 1 »

LE DOCTEUR RAULAND

LE LIVRE DES ÉPOUX. — Guide pour la guérison de l'Impuissance, de la Stérilité et de toutes les maladies des organes génitaux.—1 fort vol. gr. in-18 . . . . 4 »

LE Dr FÉLIX ROUBAUD

Inspect. des Eaux min. de Pougues (Nièvre)

LA DANSE DES TABLES, Phénomènes phisiologiques démontrés, avec gravure explicative. — *2e édition*. — 1 vol. in-18. . . . . 1 »

LES EAUX MINÉRALES DE LA FRANCE. Guide du médecin praticien et du malade.—1 fort vol. gr. in-18 broché, 4 fr. ; relié . . . . 5 »

Mme ADAM SALOMON

DE L'ÉDUCATION D'APRÈS PANHORIPAN. — 1 joli vol. in-32. . . . . . 1 »

ÉTUDES CONTEMPORAINES

Format in-18

ODILON BARROT

DE LA CENTRALISATION ET DE SES EFFETS. — 1 vol. . . . . 1 »

LE PRINCE A. DE BROGLIE

UNE RÉFORME ADMINISTRATIVE EN AFRIQUE. — 1 vol. 1 50

ÉDOUARD DELPRAT

L'ADMINISTRATION ET LA PRESSE. 1 v. 1 »

A. GERMAIN

MARTYROLOGE DE LA PRESSE. 1 vol. 2 50

LE COMTE D'HAUSSONVILLE

LETTRE AU SÉNAT. — 1 vol. . . . . 1 »

LÉONCE DE LAVERGNE

LA CONSTITUTION DE 1852 ET LE DÉCRET DU 24 NOVEMBRE. — 1 vol. 1 »

ED. DE SONNIER

LES DROITS POLITIQUES DANS LES ÉLECTIONS. — Manuel de l'Électeur et du Candidat. — 1 vol. . . 1 »

***

LA LIBERTÉ RELIGIEUSE ET LA LÉGISLATION ACTUELLE. — 1 vol. . . 1 »

COLLECTION MICHEL LÉVY

ET BIBLIOTHÈQUE DE LA LIBRAIRIE NOUVELLE

1 franc le volume grand in-18 de 350 à 400 pages

AMÉDÉE ACHARD — vol.

BRUNES ET BLONDES. 1
LA CHASSE ROYALE 2
LES DERNIÈRES MARQUISES. 1
LES FEMMES HONNÊTES. 1
PARISIENNES ET PROVINCIALES. 1
LES PETITS FILS DE LOVELACE. 1
LES RÊVEURS DE PARIS. 1
LA ROBE DE NESSUS 1

ACHIM D'ARNIM

Traduction Th. Gautier fils.

CONTES BIZARRES. 1

ADOLPHE ADAM

SOUVENIRS D'UN MUSICIEN. 1
DERNIERS SOUVENIRS D'UN MUSICIEN. 1

GUSTAVE D'ALAUX

L'EMPEREUR SOULOUQUE ET SON EMPIRE 1

***

MADAME LA DUCHESSE D'ORLÉANS, HÉLÈNE DE MECKLEMBOURG-SCHWERIN. 1

***

SOUVENIRS D'UN OFFICIER DU 2e DE ZOUAVES. 1

ALFRED ASSOLLANT

HISTOIRE FANTASTIQUE DE PIERROT. . . 1

XAVIER AUBRYET

LA FEMME DE VINGT-CINQ ANS. 1

ÉMILE AUGIER

POÉSIES COMPLÈTES. 1

***

LES ZOUAVES ET LES CHASSEURS A PIED. 1

J. AUTRAN

MILIANAH (épisode des guerres d'Afriq.). 1

THÉODORE DE BANVILLE

ODES FUNAMBULESQUES. 1

CHARLES BARBARA

HISTOIRES ÉMOUVANTES. 1

J. BARBEY D'AUREVILLY

L'AMOUR IMPOSSIBLE 1
L'ENSORCELÉE. 1

ROGER DE BEAUVOIR

AVENTURIÈRES ET COURTISANES 1
LE CABARET DES MORTS 1

ROGER DE BEAUVOIR (*Suite*) — vol.

LE CHEVALIER DE CHARNY. 1
LE CHEVALIER DE SAINT-GEORGES. . . . 1
HISTOIRES CAVALIÈRES. 1
LA LESCOMBAT 1
MADEMOISELLE DE CHOISY. 1
LE MOULIN D'HEILLY. 1
LE PAUVRE DIABLE. 1
LES SOIRÉES DU LIDO 1
LES TROIS ROHAN. 1

Mme ROGER DE BEAUVOIR

CONFIDENCES DE MADelle MARS 1
SOUS LE MASQUE. 1

HENRI BÉCHADE

LA CHASSE EN ALGÉRIE. 1

Mme BEECHER STOWE

LA CASE DE L'ONCLE TOM (*Traduction L. Pilatte*). 2
SOUVENIRS HEUREUX. (*Traduction E. Forcade.*) 3

GEORGES BELL

SCÈNES DE LA VIE DE CHATEAU. 1

A. DE BERNARD

LE PORTRAIT DE LA MARQUISE. 1

CHARLES DE BERNARD

LES AILES D'ICARE 1
UN BEAU PÈRE. 2
L'ÉCUEIL 1
LE GENTILHOMME CAMPAGNARD. 2
GERFAUT 1
UN HOMME SÉRIEUX. 1
LE NŒUD GORDIEN. 1
LE PARATONNERRE. 1
LE PARAVENT 1
LA PEAU DU LION ET LA CHASSE AUX AMANTS. 1

ÉLIE BERTHET

LA BASTIDE ROUGE 1
LES CHAUFFEURS 1
LE DERNIER IRLANDAIS. 1
LA ROCHE TREMBLANTE 1

Mme CAROLINE BERTON

LE BONHEUR IMPOSSIBLE. 1
ROSETTE. 1

H. BLAZE DE BURY

MUSICIENS CONTEMPORAINS. 1

CH. DE BOIGNE

LES PETITS MÉMOIRES DE L'OPÉRA. . . 1

J.-B. BOREDON vol.

GABRIEL ET FIAMMETTA 1

LOUIS BOUILHET

MÉLÆNIS, conte romain 1

RAOUL BRAVARD

L'HONNEUR DES FEMMES 1
UNE PETITE VILLE 1
LA REVANCHE DE GEORGES DANDIN . . . 1

A. DE BRÉHAT

BRAS D'ACIER 1
SCÈNES DE LA VIE CONTEMPORAINE . . . 1

MAX BUCHON

EN PROVINCE 1

ÉMILIE CARLEN
Traduction Marie Souvestre

DEUX JEUNES FEMMES 1

LOUIS DE CARNÉ

UN DRAME SOUS LA TERREUR 1

ÉMILE CARREY

L'AMAZONE. — 8 JOURS SOUS L'ÉQUATEUR 1
— LES MÉTIS DE LA SAVANE. 1
— LES RÉVOLTÉS DU PARA. . 1
HISTOIRE ET MŒURS KABYLES 1
RÉCITS DE LA KABYLIE 1
SCÈNES DE LA VIE EN ALGÉRIE 1

HIPPOLYTE CASTILLE

HISTOIRES DE MÉNAGE 1

CÉLESTE DE CHABRILLAN

LA SAPHO 1
LES VOLEURS D'OR 1

CHAMPFLEURY

LES AMOUREUX DE SAINTE-PÉRINE . . . 1
AVENTURES DE MADEMOISELLE MARIETTE 1
LES BOURGEOIS DE MOLINCHART 1
CHIEN-CAILLOU 1
LES EXCENTRIQUES 1
LES PREMIERS BEAUX JOURS 1
LE RÉALISME 1
LES SENSATIONS DE JOSQUIN 1
LES SOUFFRANCES DU PROFESSEUR DELTEIL 1
SOUVENIRS DES FUNAMBULES 1
L'USURIER BLAIZOT 1

EUGÈNE CHAPUS

LES SOIRÉES DE CHANTILLY 1

PHILARÈTE CHASLES

SOUVENIRS D'UN MÉDECIN 1
LE VIEUX MÉDECIN (*suite aux Souvenirs d'un médecin*) 1

GUSTAVE CLAUDIN

POINT ET VIRGULE 1

Mme LOUISE COLET

QUARANTE-CINQ LETTRES DE BÉRANGER 1

HENRI CONSCIENCE
Traduction Léon Wocquier

AURÉLIEN 2
BATAVIA 1
LE CONSCRIT 1
LE DÉMON DE L'ARGENT 1
LE FLÉAU DU VILLAGE 1
LE GENTILHOMME PAUVRE 1
LA GUERRE DES PAYSANS 1
HEURES DU SOIR 1
LE JEUNE DOCTEUR 1

HENRI CONSCIENCE (*Suite*) vol.

LE LION DE FLANDRE 2
LA MÈRE JOB 1
L'ORPHELINE 1
SCÈNES DE LA VIE FLAMANDE 2
SOUVENIRS DE JEUNESSE 1
LE TRIBUN DE GAND 2
LES VEILLÉES FLAMANDES 1

P. CORNEILLE

ŒUVRES, précédées d'une notice sur sa vie et ses ouvrages 2

ARTHUR CURNILLON

MATHÉUS 1

CUVILLIER-FLEURY

VOYAGES ET VOYAGEURS 1

LA COMTESSE DASH

LES BALS MASQUÉS 1
LA CHAINE D'OR 1
LES CHATEAUX EN AFRIQUE 1
LES DEGRÉS DE L'ÉCHELLE 1
LA DUCHESSE D'ÉPONNES 1
LE FRUIT DÉFENDU 1
LES GALANTERIES DE LA COUR DE LOUIS XV 4
LA RÉGENCE 1
LA JEUNESSE DE LOUIS XV 1
LES MAITRESSES DU ROI 1
LE PARC AUX CERFS 1
LE JEU DE LA REINE 1
LA MARQUISE DE PARABÈRE 1
LA MARQUISE SANGLANTE 1
LA POUDRE ET LA NEIGE 1
LE SALON DU DIABLE 1

LE GÉNÉRAL DAUMAS

LES CHEVAUX DU SAHARA 1
LE GRAND DÉSERT 1

E. J. DELÉCLUZE

DONA OLIMPIA 1
MADEMOISELLE JUSTINE DE LIRON . . . 1
LA PREMIÈRE COMMUNION 1

ÉDOUARD DELESSERT

VOYAGE AUX VILLES MAUDITES 1

PAUL DELTUF

AVENTURES PARISIENNES 1
LES PETITS MALHEURS D'UNE JEUNE FEMME 1

PAUL DHORMOYS

UNE VISITE CHEZ SOULOUQUE 1

CHARLES DICKENS
Traduction A. Pichot

CONTES DE NOEL 1
LE NEVEU DE MA TANTE 2

OCTAVE DIDIER

UNE FILLE DE ROI 1
MADAME GEORGES 1

MAXIME DUCAMP

MÉMOIRES D'UN SUICIDÉ 1
LE SALON DE 1857 1
LES SIX AVENTURES 1

ALEXANDRE DUMAS

AMAURY 1
ANGE PITOU 2
ASCANIO 2
AVENTURES DE JOHN DAVYS 2

ALEXANDRE DUMAS (*Suite*).

	vol.
LES BALEINIERS	2
LE BATARD DE MAULÉON	3
BLACK	1
LA BOUILLIE DE LA COMTESSE BERTHE	1
LA BOULE DE NEIGE	1
BRIC-A-BRAC	2
UN CADET DE FAMILLE	3
LE CAPITAINE PAMPHILE	1
LE CAPITAINE PAUL	1
LE CAPITAINE RICHARD	1
CATHERINE BLUM	1
CAUSERIES	2
CÉCILE	1
CHARLES LE TÉMÉRAIRE	2
LE CHASSEUR DE SAUVAGINE	1
LE CHATEAU D'EPPSTEIN	2
LE CHEVALIER D'HARMENTAL	2
LE CHEVALIER DE MAISON-ROUGE	2
LE COLLIER DE LA REINE	3
LE COMTE DE MONTE-CRISTO	6
LA COMTESSE DE CHARNY	6
LA COMTESSE DE SALISBURY	2
LES CONFESSIONS DE LA MARQUISE	2
CONSCIENCE L'INNOCENT	2
LA DAME DE MONSOREAU	3
LES DEUX DIANE	3
DIEU DISPOSE	2
LES DRAMES DE LA MER	1
LA FEMME AU COLLIER DE VELOURS	1
FERNANDE	1
UNE FILLE DU RÉGENT	1
LES FRÈRES CORSES	1
GABRIEL LAMBERT	1
GAULE ET FRANCE	1
GEORGES	1
UN GIL BLAS EN CALIFORNIE	1
LA GUERRE DES FEMMES	2
HISTOIRE D'UN CASSE-NOISETTE	1
L'HOROSCOPE	1
IMPRESSIONS DE VOYAGE. — SUISSE	3
— UNE ANNÉE A FLORENCE	1
— L'ARABIE HEUREUSE	3
— LES BORDS DU RHIN	2
— LE CAPITAINE ARÉNA	1
— DE PARIS A CADIX	2
— QUINZE JOURS AU SINAÏ	1
— LE SPÉRONARE	2
— LE VÉLOCE	2
INGÉNUE	2
ISABEL DE BAVIÈRE	2
ITALIENS ET FLAMANDS	2
IVANHOÉ de W. Scott. (*Traduction.*)	2
JANE	1
JEHANNE LA PUCELLE	1
LES LOUVES DE MACHECOUL	3
MADAME DE CHAMBLAY	2
LA MAISON DE GLACE	2
LE MAÎTRE D'ARMES	1
LES MARIAGES DU PÈRE OLIFUS	1
LES MÉDICIS	1
MES MÉMOIRES	5
MÉMOIRES DE GARIBALDI	2
MÉMOIRES D'UNE AVEUGLE	2
MÉMOIRES D'UN MÉDECIN (BALSAMO)	5
LE MENEUR DE LOUPS	1
LES MILLE ET UN FANTÔMES	1

ALEXANDRE DUMAS (*Suite*).

	vol.
LES MOHICANS DE PARIS	4
LES MORTS VONT VITE	2
NAPOLÉON	1
UNE NUIT A FLORENCE	1
OLYMPE DE CLÈVES	3
LE PAGE DU DUC DE SAVOIE	2
LE PASTEUR D'ASHBOURN	2
PAULINE ET PASCAL BRUNO	1
LE PÈRE GIGOGNE	2
LE PÈRE LA RUINE	1
LA PRINCESSE FLORA	1
LES QUARANTE-CINQ	3
LA REINE MARGOT	2
LA ROUTE DE VARENNES	1
SALVATOR	5
SOUVENIRS D'ANTONY	1
SULTANETTA	1
SYLVANDIRE	1
LE TESTAMENT DE M. CHAUVELIN	1
TROIS MAÎTRES	1
LES TROIS MOUSQUETAIRES	2
LE TROU DE L'ENFER	1
LA TULIPE NOIRE	1
LE VICOMTE DE BRAGELONNE	6
LA VIE AU DÉSERT	2
UNE VIE D'ARTISTE	1
VINGT ANS APRÈS	3

ALEXANDRE DUMAS FILS

ANTONINE	1
AVENTURES DE QUATRE FEMMES	1
LA BOITE D'ARGENT	1
LA DAME AUX CAMÉLIAS	1
LA DAME AUX PERLES	1
DIANE DE LYS	1
LE DOCTEUR SERVANS	1
LE RÉGENT MUSTEL	1
LE ROMAN D'UNE FEMME	1
TROIS HOMMES FORTS	1
LA VIE A VINGT ANS	1

HENRI DUPIN

CINQ COUPS DE SONNETTE	1

MISS EDGEWORTH

Traduction Jousselin.

DEMAIN	1

GABRIEL D'ENTRAGUES

HISTOIRES D'AMOUR ET D'ARGENT	1

ERCKMANN-CHATRIAN

L'ILLUSTRE DOCTEUR MATHÉUS	1

XAVIER EYMA

AVENTURIERS ET CORSAIRES	1
LES FEMMES DU NOUVEAU MONDE	1
LES PEAUX NOIRES	1
LES PEAUX ROUGES	1
LE ROI DES TROPIQUES	1
LE TRÔNE D'ARGENT	1

PAUL FÉVAL

ALIZIA PAULI	1
LES AMOURS DE PARIS	2
LE BERCEAU DE PARIS	1
BLANCHEFLEUR	1
LE BOSSU OU LE PETIT PARISIEN	3
LE CAPITAINE SIMON	1

PAUL FÉVAL (*Suite*). vol.

LES COMPAGNONS DU SILENCE. 3
LES DERNIÈRES FÉES 1
LES FANFARONS DU ROI 1
LE FILS DU DIABLE 4
LE TUEUR DE TIGRES. 1

GUSTAVE FLAUBERT

MADAME BOVARY. 2

PAUL FOUCHER

LA VIE DE PLAISIR. 1

ARNOULD FRÉMY

LES CONFESSIONS D'UN BOHÉMIEN . . . 1
LES MAITRESSES PARISIENNES. 2

GALOPPE D'ONQUAIRE

LE DIABLE BOITEUX A PARIS 1
LE DIABLE BOITEUX EN PROVINCE . . . 1
LE DIABLE BOITEUX AU VILLAGE 1
LE DIABLE BOITEUX AU CHATEAU 1

THÉOPHILE GAUTIER

L'ART MODERNE. 1
LES BEAUX-ARTS EN EUROPE. 2
CONSTANTINOPLE 1
LES GROTESQUES 1

JULES GÉRARD

LA CHASSE AU LION, *orné de 12 gravures de G. Doré* 1

GÉRARD DE NERVAL

LA BOHÊME GALANTE 1
LES FILLES DU FEU 1
LE MARQUIS DE FAYOLLE 1
SOUVENIRS D'ALLEMAGNE. 1

FULGENCE GIRARD

UN CORSAIRE SOUS L'EMPIRE 1

ÉMILE DE GIRARDIN

ÉMILE. 1

Mme ÉMILE DE GIRARDIN

CONTES D'UNE VIEILLE FILLE A SES NEVEUX 1
LA CROIX DE BERNY (*en société avec Th. Gautier, Méry et Jules Sandeau*). 1
MARGUERITE. 1
M. LE MARQUIS DE PONTANGES.. 1
NOUVELLES .
Le Lorgnon. — La Canne de M. de Balzac — Il ne faut pas jouer avec la douleur. 1
POÉSIES COMPLÈTES. 1
LE VICOMTE DE LAUNAY. — Lettres parisiennes. — *Édition complète*. . . 4

LÉON GOZLAN

LE BARIL DE POUDRE D'OR. 1
LES CHATEAUX DE FRANCE. 2
LA COMÉDIE ET LES COMÉDIENS. 1

LÉON GOZLAN (*Suite*) vol.

LA DERNIÈRE SŒUR GRISE. 1
LE DRAGON ROUGE 1
LES ÉMOTIONS DE POLYDORE MARASQUIN. 1
LA FAMILLE LAMBERT. 1
LA FOLLE DU LOGIS. 1
HISTOIRE DE 130 FEMMES. 1
LE MÉDECIN DU PECQ. 1
LE NOTAIRE DE CHANTILLY. 1
LES NUITS DU PÈRE LACHAISE 1

Mme MANOEL DE GRANDFORT

L'AUTRE MONDE. 1

GRANIER DE CASSAGNAC

DANAË. 1
LA REINE DES PRAIRIES 1

LÉON HILAIRE

NOUVELLES FANTAISISTES 1

HILDEBRAND

Traduction Léon Wocquier

LA CHAMBRE OBSCURE. 1
SCÈNES DE LA VIE HOLLANDAISE. . . . 1

ARSÈNE HOUSSAYE

L'AMOUR COMME IL EST 1
LES FEMMES COMME ELLES SONT. 1
LES FILLES D'EVE. 1
LA PÉCHERESSE. 1
LA VERTU DE ROSINE. 1

CHARLES HUGO

LA BOHÊME DORÉE. 2
LA CHAISE DE PAILLE. 1

FRANÇOIS VICTOR HUGO

Traducteur

LE FAUST ANGLAIS DE MARLOWE. 1
SONNETS DE SHAKSPEARE 1

F. HUGONNET

SOUVENIRS D'UN CHEF DE BUREAU ARABE. 1

JULES JANIN

L'ANE MORT 1
LE CHEMIN DE TRAVERSE. 1
UN CŒUR POUR DEUX AMOURS 1
LA CONFESSION 1

CHARLES JOBEY

L'AMOUR D'UN NÈGRE 1

PAUL JUILLERAT

LES DEUX BALCONS 1

ALPHONSE KARR

AGATHE ET CÉCILE 1
LE CHEMIN LE PLUS COURT 1
CLOTILDE. 1
CLOVIS GOSSELIN. 1

ALPHONSE KARR (*Suite*). vol.

CONTES ET NOUVELLES. 1
DEVANT LES TISONS. 1
LES FEMMES. 1
ENCORE LES FEMMES. 1
LA FAMILLE ALAIN. 1
FEU BRESSIER. 1
LES FLEURS 1
GENEVIÈVE. 1
LES GUÊPES 6
HORTENSE. 1
MENUS PROPOS 1
MIDI A QUATORZE HEURES 1
LA PÊCHE EN EAU DOUCE ET EN EAU SALÉE. 1
LA PÉNÉLOPE NORMANDE. 1
UNE POIGNÉE DE VÉRITÉS. 1
PROMENADES HORS DE MON JARDIN. . . 1
RAOUL. 1
ROSES NOIRES ET ROSES BLEUES. 1
LES SOIRÉES DE SAINTE-ADRESSE 1
SOUS LES ORANGERS. 1
SOUS LES TILLEULS 1
TROIS CENTS PAGES 1
VOYAGE AUTOUR DE MON JARDIN 1

KAUFFMANN

BRILLAT LE MENUISIER 1

LEOPOLD KOMPERT

Traduction Daniel Stauben

LES JUIFS DE LA BOHÊME. 1
SCÈNES DU GHETTO. 1

DE LACRETELLE

LA POSTE AUX CHEVAUX. 1

Mme LAFARGE

Née Marie Capelle

HEURES DE PRISON 1

CHARLES LAFONT

LES LÉGENDES DE LA CHARITÉ. 1

STEPHEN DE LA MADELAINE

LE SECRET D'UNE RENOMMÉE. 1

JULES DE LA MADELÈNE

LES AMES EN PEINE. 1
LE MARQUIS DES SAFFRAS 1

A. DE LAMARTINE

LES CONFIDENCES. 1
GENEVIÈVE, HISTOIRE D'UNE SERVANTE. 1
GRAZIELLA. 1
NOUVELLES CONFIDENCES. 1
RÉGINA. 1
TOUSSAINT LOUVERTURE. 1

VICTOR DE LAPRADE

PSYCHÉ. 1

CHARLES DE LA ROUNAT

LA COMÉDIE DE L'AMOUR. 1

THÉOPHILE LAVALLÉE

HISTOIRE DE PARIS. 2

JULES LECOMTE

LE POIGNARD DE CRISTAL. 1

CARLE LEDHUY

LE CAPITAINE D'AVENTURES. 1

LEOUZON LE DUC vol.

L'EMPEREUR ALEXANDRE II 1

LOUIS LURINE

ICI L'ON AIME 1

FÉLICIEN MALLEFILLE

LE CAPITAINE LAROSE. 1
MARCEL. 1
MÉMOIRES DE DON JUAN. 1
MONSIEUR CORBEAU. 1

CH. MARCOTTE DE QUIVIÈRES

DEUX ANS EN AFRIQUE, avec une introduction du bibliophile *Jacob*. . . . 1

MARIVAUX

THÉATRE, précédé d'une notice sur sa vie et ses ouvrages par *Paul de St-Victor*. 1

X. MARMIER

AU BORD DE LA NÉVA. 1
LES DRAMES INTIMES. 1
UNE GRANDE DAME RUSSE. 1
HISTOIRES ALLEMANDES ET SCANDINAVES. 1

LE DOCTEUR FÉLIX MAYNARD

UN DRAME DANS LES MERS BORÉALES. . 1
JOURNAL D'UNE DAME ANGLAISE. — De Delhi à Cawnpore. 1
VOYAGES ET AVENTURES AU CHILI. . . . 1

MÉRY

ANDRÉ CHÉNIER. 1
LA CHASSE AU CHASTRE. 1
LE CHATEAU DES TROIS TOURS 1
LE CHATEAU VERT. 1
UNE CONSPIRATION AU LOUVRE. 1
LES DAMNÉS DE L'INDE. 1
UNE HISTOIRE DE FAMILLE. 1
UNE NUIT DU MIDI. 1
LES NUITS ANGLAISES 1
LES NUITS D'ORIENT. 1
LES NUITS ESPAGNOLES. 1
LES NUITS ITALIENNES. 1
LES NUITS PARISIENNES 1
SALONS ET SOUTERRAINS DE PARIS. . . . 1

PAUL MEURICE

SCÈNES DU FOYER (LA FAMILLE AUBRY). 1
LES TYRANS DE VILLAGE. 1

PAUL DE MOLÈNES

AVENTURES DU TEMPS PASSÉ 1
CARACTÈRES ET RÉCITS DU TEMPS. . . . 1
CHRONIQUES CONTEMPORAINES. 1
HISTOIRES INTIMES. 1
HISTOIRES SENTIMENTALES ET MILITAIRES 1
MÉMOIRES D'UN GENTILHOMME DU SIÈCLE DERNIER. 1

MOLIÈRE

ŒUVRES COMPLÈTES) *nouvelle édition publiée par* PHILARÈTE CHASLES . . 5

Mme MOLINOS-LAFITTE

L'ÉDUCATION DU FOYER. 1

HENRY MONNIER

MÉMOIRES DE M. JOSEPH PRUDHOMME 2

CHARLES MONSELET

M. DE CUPIDON 1

LE COMTE DE MOYNIER — vol.

BOHÉMIENS ET GRANDS SEIGNEURS. . . 1

HÉGÉSIPPE MOREAU

ŒUVRES, avec une notice par *Louis Ratisbonne*. 1

FÉLIX MORNAND

BERNERETTE. 1
LA VIE ARABE. 1

HENRY MURGER

LES BUVEURS D'EAU. 1
LE DERNIER RENDEZ-VOUS 1
MADAME OLYMPE 1
LE PAYS LATIN. 1
PROPOS DE VILLE ET PROPOS DE THÉÂTRE. 1
LE ROMAN DE TOUTES LES FEMMES. . . . 1
SCÈNES DE CAMPAGNE. 1
SCÈNES DE LA VIE DE BOHÊME. 1
SCÈNES DE LA VIE DE JEUNESSE 1
LE SABOT ROUGE. 1
LES VACANCES DE CAMILLE. 1

A. DE MUSSET, DE BALZAC, G. SAND

PARIS ET LES PARISIENS. 1
LES PARISIENNES A PARIS. 1
LE TIROIR DU DIABLE. 1

PAUL DE MUSSET

LA BAVOLETTE. 1
PUYLAURENS. 1

NADAR

LE MIROIR AUX ALOUETTES 1
QUAND J'ÉTAIS ÉTUDIANT. 1

HENRI NICOLLE

LE TUEUR DE MOUCHES. 1

CHARLES NODIER

Traducteur

LE VICAIRE DE WAKEFIELD. 1

ÉDOUARD OURLIAC

LES GARNACHES. 1

L. LAURENT-PICHAT

LA PAÏENNE 1

AMÉDÉE PICHOT

UN DRAME EN HONGRIE. 1
L'ÉCOLIER DE WALTER SCOTT. 1
LA FEMME DU CONDAMNÉ. 1
LES POÈTES AMOUREUX. 1

PAUL PERRET

LES BOURGEOIS DE CAMPAGNE. 1
HISTOIRE D'UNE JOLIE FEMME. 1

EDGARD POE

Traduction Ch. Baudelaire

AVENTURES D'ARTHUR GORDON PYM . . 1
HISTOIRES EXTRAORDINAIRES. 1
NOUVELLES HISTOIRES EXTRAORDINAIRES 1

F. PONSARD

ÉTUDES ANTIQUES. 1

A. DE PONTMARTIN — vol.

CONTES D'UN PLANTEUR DE CHOUX. . . 1
CONTES ET NOUVELLES 1
LA FIN DU PROCÈS 1
MÉMOIRES D'UN NOTAIRE. 1
OR ET CLINQUANT. 1
POURQUOI JE RESTE A LA CAMPAGNE . . 1

L'ABBÉ PRÉVOST

MANON LESCAUT, précédée d'une Étude par *John Lemoinne*. . . . .

MAX RADIGUET

SOUVENIRS DE L'AMÉRIQUE ESPAGNOLE. 1

RAOUSSET-BOULBON

UNE CONVERSION. 1

B. H. REVOIL

Traducteur

LE DOCTEUR AMÉRICAIN. 1
LES HAREMS DU NOUVEAU MONDE. . . . 1

LOUIS REYBAUD

CE QU'ON PEUT VOIR DANS UNE RUE. . . 1
CÉSAR FALEMPIN 1
LA COMTESSE DE MAULÉON. 1
LE COQ DU CLOCHER 1
LE DERNIER DES COMMIS-VOYAGEURS . . 1
ÉDOUARD MONGERON 1
L'INDUSTRIE EN EUROPE. 1
JÉRÔME PATUROT à la recherche de la meilleure des Républiques. 1
JÉRÔME PATUROT à la recherche d'une position sociale 1
MARIE BRONTIN. 1
MATHIAS L'HUMORISTE. 1
PIERRE MOUTON 1
LA VIE A REBOURS. 1
LA VIE DE CORSAIRE. 1

AMÉDÉE ROLLAND

LES MARTYRS DU FOYER 1

NESTOR ROQUEPLAN

REGAIN : LA VIE PARISIENNE. 1

JULES DE SAINT-FÉLIX

SCÈNES DE LA VIE DE GENTILHOMME. . 1
LE GANT DE DIANE 1
MADEMOISELLE ROSALINDE 1

FRANCIS DE SAINT-LARY

LES CHUTES FATALES. 1

GEORGE SAND

ADRIANI. 1
LE CHATEAU DES DÉSERTES. 1
LE COMPAGNON DU TOUR DE FRANCE . . 2
LA COMTESSE DE RUDOLSTADT. 2
CONSUELO. 3
LA DANIELLA. 2
LA DERNIERE ALDINI 1
LE DIABLE AUX CHAMPS 1
LA FILLEULE 1
FRANÇOIS LE CHAMPI 1
HISTOIRE DE MA VIE 10
L'HOMME DE NEIGE. 3
HORACE 1

BIBLIOTHÈQUE DES VOYAGEURS

1 FRANC LE VOLUME

Jolis volumes format in-32, papier vélin.

ÉMILE AUGIER — vol.

LES PARIÉTAIRES, poésies 1

THÉODORE DE BANVILLE

ODELETTES 1
LES PAUVRES SALTIMBANQUES 1
LA VIE D'UNE COMÉDIENNE 1

CHARLES DESMAZE

MAURICE QUENTIN DE LA TOUR, peintre du roi Louis XV 1

A. DE LAMARTINE

LES VISIONS 1

ALFRED DE LÉRIS

MES VIEUX AMIS 1
TROIS NOUVELLES ET UN CONTE 1

ALBERT LHERMITE

UN SCEPTIQUE S'IL VOUS PLAÎT 1

Mme MANNOURY-LACOUR — vol.

ASPHODÈLES 1
SOLITUDES. — 2e *édition* 1

MÉRY

ANGLAIS ET CHINOIS 1
HISTOIRE D'UNE COLLINE 1

HENRY MURGER

BALLADES ET FANTAISIES 1
PROPOS DE VILLE ET PROPOS DE THÉATRE 1

F. PONSARD

HOMÈRE, poëme 1

JULES SANDEAU

LE CHATEAU DE MONTSABREY 1
OLIVIER 1

***

PARIS CHEZ MUSARD 1

COLLECTION A 50 CENTIMES LE VOLUME

Format grand in-32, sur beau papier vélin.

UN ASTROLOGUE — vol.

LA COMÈTE ET LE CROISSANT, présages et prophéties sur la Guerre d'Orient 1

GUSTAVE CLAUDIN

PALSAMBLEU 1

Mme LOUISE COLET

QUATRE POÈMES COURONNÉS PAR L'ACADÉMIE 1

ALEXANDRE DUMAS

LA JEUNESSE DE PIERROT, conte de fée 1
MARIE DORVAL 1

Mme MANOEL DE GRANDFORT

COMMENT ON S'AIME LORSQU'ON NE S'AIME PLUS 1

HENRY DE LA MADELÈNE

GERMAIN BARBEBLEUE 1

MÉRY

LES AMANTS DU VÉSUVE 1

MICHELET — vol.

POLOGNE ET RUSSIE 1

LÉON PAILLET

VOLEURS ET VOLÉS 1

PETIT-SENN

BLUETTES ET BOUTADES 1

NESTOR ROQUEPLAN

LES COULISSES DE L'OPÉRA 1

AURÉLIEN SCHOLL

CLAUDE LE BORGNE 1

EDMOND TEXIER

UNE HISTOIRE D'HIER 1

H. DE VILLEMESSANT

LES CANCANS 1

WARNER

SCHAMYL, le Prophète du Caucase . . 1

COLLECTION HETZEL ET LÉVY

1 FRANC LE VOLUME

Jolis volumes format in-32, papier vélin.

BAÏSSAC vol.

LES FEMMES DANS LES TEMPS ANCIENS. 1
LES FEMMES DANS LES TEMPS MODERNES. 1

H. DE BALZAC

LES FEMMES 1
MAXIMES ET PENSÉES. 1

A. DE BELLOY

PHYSIONOMIES CONTEMPORAINES . . . 1
PORTRAITS ET SOUVENIRS 1

ALFRED BOUGEARD

LES MORALISTES OUBLIÉS 1

A. DE BRÉHAT

LE CHATEAU DE KERMARIA 1
UN DRAME A CALCUTTA 1
SÉRAPHINA DARISPE. 1

CHAMPFLEURY

M. DE BOISDHYVER. 3

ÉMILE DESCHANEL

LE BIEN QU'ON A DIT DE L'AMOUR. . . 1
LE BIEN ET LE MAL QU'ON A DIT DES ENFANTS. 1
LE BIEN QU'ON A DIT DES FEMMES. . . 1
LES COURTISANES GRECQUES. 1
HISTOIRE DE LA CONVERSATION. . . . 1
LE MAL QU'ON A DIT DE L'AMOUR . . . 1
LE MAL QU'ON A DIT DES FEMMES . . . 1

XAVIER EYMA

EXCENTRICITÉS AMÉRICAINES 1

THÉOPHILE GAUTIER

AVATAR 1
JETTATURA. 1

GŒTHE

Traduction Édouard Grenier.

LE RENARD 1

OLIVIER GOLDSMITH

Traduction Alphonse Esquiros.

VOYAGE D'UN CHINOIS EN ANGLETERRE. 1

LÉON GOZLAN

BALZAC EN PANTOUFLES. 1
LES MAÎTRESSES A PARIS. 1
UNE SOIRÉE DANS L'AUTRE MONDE. . 1

LE COMTE F. DE GRAMMONT

COMMENT ON SE MARIE. 1
COMMENT ON VIENT ET COMMENT ON S'EN VA. 1

CHARLES JOLIET vol.

L'ESPRIT DE DIDEROT. 1

LAURENT JAN

MISANTHROPIE SANS REPENTIR. 1

JULES JANIN

LA COMTESSE D'EGMONT. 1

E. DE LA BÉDOLLIÈRE

HISTOIRE DE LA MODE EN FRANCE. . . 1

LARCHER ET JULLIEN

CE QU'ON A DIT DE LA FIDÉLITÉ ET DE L'INFIDÉLITÉ. 1

HENRY MONNIER

LES BOURGEOIS AUX CHAMPS. 1
COMÉDIES BOURGEOISES. 1
CROQUIS A LA PLUME. 1
GALERIE D'ORIGINAUX 1
LES PETITES GENS 1
SCÈNES PARISIENNES. 1

CHARLES MONSELET

LA CUISINIÈRE POÉTIQUE. 1
LE MUSÉE SECRET DE PARIS 1

ALFRED DE MUSSET

Mlle MIMI PINSON. 1
VOYAGE OU IL VOUS PLAIRA 1

EUGÈNE NOEL

RABELAIS. 1
LA VIE DES FLEURS ET DES FRUITS . . 1

LOUIS RATISBONNE

AU PRINTEMPS DE LA VIE. 1

P. J. STAHL

DE L'AMOUR ET DE LA JALOUSIE. . . . 1
LES BIJOUX PARLANTS. 1
L'ESPRIT DES FEMMES ET LES FEMMES D'ESPRIT. 1
L'ESPRIT DE VOLTAIRE. 1
HISTOIRE D'UN PRINCE ET D'UNE PRINCESSE, souvenirs de Spa. 1

LOUIS ULBACH

L'HOMME AUX CINQ LOUIS D'OR 2

OUVRAGES ILLUSTRÉS

VOYAGES ET AVENTURES DANS L'AFRIQUE ÉQUATORIALE

Mœurs et coutumes des habitants. — Chasses au gorille, au crocodile, au léopard, à l'éléphant à l'hippopotame, etc., par PAUL DU CHAILLU, membre correspondant de la Société géographique de New-York, de la Société d'histoire naturelle de Boston, et de la Société ethnographique américaine, avec illustrations et cartes. Edition française revue et augmentée. — 1 vol. grand in-8°. — Prix : broché 15 fr.; relié en toile, doré sur tranches. Prix : 20 fr.

VOYAGES DANS LES MERS DU NORD

A BORD DE LA CORVETTE LA REINE-HORTENSE

Par CHARLES EDMOND. — 2me *édition.* - 1 vol. grand in-8, illustré de vignettes, de culs-de-lampe et de têtes de chapitres dessinés par KARL GIRARDET, d'après CH. GIRAUD, avec la carte du voyage et la carte géologique de l'Islande. (*Sous presse.*) — Prix : broché 15 fr.; relié en toile, doré sur tranches. Prix : 20 fr.

L'ASSEMBLÉE NATIONALE COMIQUE

180 dessins inédits de CHAM, texte par A. LIREUX. — 1 vol. très-grand in-8. Prix, broché : 14 fr; relié en toile, avec plaques spéciales, doré sur tranches. Prix : 20 fr.

JÉROME PATUROT A LA RECHERCHE DE LA MEILLEURE DES RÉPUBLIQUES

Par LOUIS REYBAUD, illustré par TONY JOHANNOT.— 1 vol. très-grand in-8, contenant 160 vignettes dans le texte et 30 types.— Prix : broché, 15 fr., relié en toile, avec plaques spéciales, doré sur tranches. Prix : 20 fr.

LE FAUST DE GŒTHE

Traduction revue et complète, précédée d'un Essai sur Gœthe, par HENRI BLAZE; édition illustrée de 9 vignettes de TONY JOHANNOT et d'un nouveau portrait de Gœthe, gravé sur acier par LANGLOIS, et tirés sur papier de Chine. — 1 vol. gr. in-8. Prix : broché, 8 fr.; relié en toile, avec plaq., doré sur tranches. Prix : 12 fr.

THÉATRE COMPLET DE VICTOR HUGO

1 vol. gr. in-8, orné du portrait de Victor Hugo et de 6 grav. sur acier, d'après les dessins de RAFFET, L. BOULANGER, J. DAVID, etc. — Prix : broché, 6 fr. 50. Demi-reliure chagrin, plats toile, doré sur tranches. Prix : 11 fr.

CONTES RÉMOIS

Par le comte DE CHEVIGNÉ. — 4e édition, illustrée de 34 dessins de MEISSONIER. —1 vol. grand in-18. Prix : 3 fr.; in-8 carré. Prix : 7 fr. 50.— Il reste quelques exemplaires du même ouvrage, tirés sur grand raisin vélin, 20 fr.; sur papier de Hollande, gravures tirées à part sur papier de Chine. Prix : 60 fr.

LA COMÉDIE ENFANTINE

Par LOUIS RATISBONNE, illustrée par GOBERT et FROMENT, 2e édition. — 1 vol. gr. in-8°. — Prix : broché, 10 fr.; relié en toile avec plaques spéciales, doré sur tranches. 14 fr.; demi-reliure chagrin, plat toile, doré sur tranches. Prix : 14 fr.

LE RENARD DE GŒTHE

Traduit par ÉDOUARD GRENIER, illustré par KAULBACH. — 1 volume grand in-8°. Prix : broché 10 fr.; demi-reliure chagrin, plat toile, doré sur tranches. Prix : 15 fr.

CONTES BRABANÇONS

Par CHARLES DE COSTER, illustrés par MM. DE GROUX, DE SCHAMPHELEER, DUWÉE, FÉLICIEN ROPS, VAN CAMP et OTTO VON THOREN, grav. par WILLIAM BROWN —1 beau vol. in-8°. Prix : 5 fr.

LE 101e RÉGIMENT

Par JULES NORIAC. — 1 volume grand in-16, illustré de 84 dessins. — Prix : 4 fr. 50.

CONTES D'UN VIEIL ENFANT

Par FEUILLET DE CONCHES, 2e édition. Ouvrage imprimé avec le plus grand soin, illustré de 35 gravures sur bois. — 1 vol. grand in-8 jésus, papier de choix, glacé et satiné. Prix : broché, 8 fr.—Richement relié, tranche dorée. Prix : 12 fr.

SCÈNES DU JEUNE AGE

Par Mme SOPHIE GAY, illustrées de 12 belles gravures exécutées avec le plus grand soin. — 1 vol. grand in-8 de plus de 300 pages. Prix : 6 fr. — Id., gravures coloriées : 8 fr. — Relié en toile mosaïque, riche plaque, tranche dorée : 10 fr. — Relié en demi-chagrin, plats en toile, tranche dorée. Prix : 10 fr.

LES AVENTURES DU CHEVALIER JAUFFRE ET DE LA BELLE BRUNISSENDE

Par MARY LAFON, ouvrage splendidement illustré de 20 gravures sur bois tirées à part et dessinées par GUSTAVE DORÉ. — 1 vol. grand in-8 jésus, papier glacé satiné. Prix : 7 fr. 50. — Relié en toile mosaïque, riche plaque, tranche dorée : 12 fr. — Relié en demi-chagrin, plats en toile, tranche dorée. Prix : 12 fr.

LE BOIS DE BOULOGNE

Par E. GOURDON. Magnifique volume in-8, illustré de 16 gravures hors-texte, par E. MORIN. Prix : 10 fr. — Relié, doré sur tranche. Prix : 15 fr.

LA CHASSE AU LION

Par JULES GÉRARD (*le Tueur de lions*). Ornée de 11 belles gravures et d'un portrait dessinés par GUSTAVE DORÉ. — 1 vol. grand in-8 jésus. Prix, broché : 7 fr. 50. — Relié en toile mosaïque, riche plaque spéciale, tranche dorée : 12 fr. — Relié en demi-chagrin, plats toile, tranche dorée. Prix : 12 fr.

CONTES D'UNE VIEILLE FILLE A SES NEVEUX

Par Mme ÉMILE DE GIRARDIN. Illustrés de 14 belles gravures. — 1 vol. grand in-8 de plus de 300 pages. Prix, broché : 6 fr. — Id. avec gravures coloriées : 8 fr. — Relié en toile mosaïque, riche plaque, tranche dorée . 10 fr. — Relié demi-chagrin, plats en toile, tranche dorée. Prix : 10 fr.

FIERABRAS

Par MARY LAFON. Ouvrage imprimé avec le plus grand soin, illustré de 12 gravures sur bois tirées hors texte, dessinées par GUSTAVE DORÉ, et gravées par des artistes anglais. — 1 volume grand in-8 jésus, papier de choix, glacé et satiné. Prix, broché : 7 fr. 50 c. — Relié demi-chagrin, plats en toile, tranche dorée. Prix : 12 fr.

LE ROYAUME DES ENFANTS, SCÈNES DE LA VIE DE FAMILLE

Par Mme MOLINOS-LAFFITTE. Illustré de 12 belles gravures par FATH. — Un volume grand in-8 de plus de 300 pages. Prix : 6 fr. — Id. avec gravures coloriées : 8 fr. — Relié en toile mosaïque, riche plaque, tranche dorée : 10 fr. — Relié demi-chagrin, plats en toile, tranche dorée. Prix : 10 fr.

LA DAME DE BOURBON

Par MARY LAFON. — 1 volume grand in-16, illustré de 45 dessins. — Prix : 5 fr.

NADAR JURY AU SALON DE 1857

1,000 COMPTES RENDUS. — 150 DESSINS. — **Prix : 1 fr.**

ALBUMS COMIQUES DE CHAM

Chaque Album, avec une jolie couverture gravée, contient 60 dessins d'Actualités.

Prix de chaque Album : 1 franc.

Salmigondis. — Macédoine. — Salon de 1857. — En Vacances. — Saison des Eaux. — Nouvelles pochades. — Croquis de printemps. — Ces bons Chinois. — Les Charges parisiennes. — Cours de géométrie. — Nouvelles fariboles. — Souvenirs comiques — Chasses et courses. — Les Kaiserlicks. — Olla Podrida. — Emotions de chasse. — L'Age d'argent. — Paris s'amuse. — Folies parisiennes. — Un peu de tout. — Fariboles. — Parisiens et Parisiennes. — Croquis variés. — L'Arithmétique illustrée. — Paris l'hiver. — Croquis d'automne. — Ces bons Parisiens. — Nouveaux Croquis de chasse. — La Bourse illustrée. — Le Bal masqué. — Le Calendrier. — Croquis militaires. — Les Chinoiseries. — Encore un Album. — Les Français en Chine. — Ces jolis messieurs et ces charmantes petites dames.

LES GRANDES USINES DE FRANCE

Par TURGAN. — *Les grandes Usines de France* paraissent en livraisons de 16 pages grand in-8, ornées de belles gravures et de dessins explicatifs, contenant, imprimée avec luxe sur beau papier satiné, l'histoire et la description d'une des grandes usines de France, ainsi que l'explication détaillée de l'industrie qu'elle représente.

Le 1er VOLUME, entièrement terminé et broché, renfermant 82 belles gravures, comprend :

LES GOBELINS (3 livraisons).—1re partie : Histoire. 2e partie : Teinture.—3e partie : Tapisserie et Tapis.

LES MOULINS DE SAINT-MAUR (1 livraison).

L'IMPRIMERIE IMPÉRIALE (4 livraisons). — Fabrication des caractères, gravure, fonderie, presses, etc.

L'USINE DES BOUGIES DE CLICHY (1 livraison).— Fonderie de suif, stéarinerie, savonnerie, bougie décorée.

LA PAPETERIE D'ESSONNE (4 livraisons).—Historique, commerce de chiffons, triage, lessivage, blanchiment, défilage, raffinage, collage, machines.

SÈVRES (4 liv.). — Historique, poteries anciennes, faïences, origines de la porcelaine en Chine et en France, matières premières, fabrication, encastage, fours, décoration.

L'ORFÉVRERIE CHRISTOFLE (3 livraisons).— Historique, argenture, dorure, galvanoplastie, orfévrerie, bronze d'aluminium.

On recevra ce volume broché *franco*, par la poste, en envoyant un mandat de 12 fr. — Relié avec tranche dorée : 17 francs.

Les 20 livraisons devant former la deuxième série contiendront, entre autres publications intéressantes : les établissements Derosne et Cail, — la Monnaie, — Saint-Gobain, — la Poudrerie du Bouchet, — la Manufacture des Tabacs, — Savonneries, Fonderies, Filatures, Fermes modèles, etc., etc.

Prix d'une livraison : 60 centimes.

En envoyant 12 francs, soit en un mandat, soit en timbres, on recevra *franco*, en France et en Algérie, les 20 livraisons composant cette deuxième série, au fur et à mesure de la publication; avec la vingtième livraison, il sera adressé aux abonnés un titre et une couverture, servant à réunir les livraisons en un magnifique volume.

La 36me livraison (16me du 2me volume) est en vente.

OEUVRES NOUVELLES DE GAVARNI

10 MAGNIFIQUES ALBUM IN-FOLIO LITHOGRAPHIÉS IMPRIMÉS AVEC LE PLUS GRAND SOIN PAR LEMERCIER

I. —	LES PARTAGEUSES, 40 lithographies. — Broché	16	22 fr.
	Reliure toile mosaïque, riche plaque, tranche dorée	6	
II. —	LES MARIS ME FONT TOUJOURS RIRE, 30 lithographies	12	18 fr.
	Reliure toile mosaïque, riche plaque, tranche dorée	6	
III. —	LES LORETTES VIEILLIES, 30 lithographies. — Broché	12	18 fr.
	Reliure toile mosaïque, riche plaque, tranche dorée	6	
IV. —	LES INVALIDES DU SENTIMENT, 30 lithographies	12	18 fr.
	Reliure toile mosaïque, riche plaque, tranche dorée	6	
V. —	HISTOIRE DE POLITIQUER, 30 lithographies. — Broché	12	18 fr.
	Reliure toile mosaïque, riche plaque, tranche dorée	6	
VI. —	LES PARENTS TERRIBLES, 20 lithographies. — Broché	8	18 fr.
	PIANO, 10 lithographies. — Broché	4	
	Reliure toile mosaïque, riche plaque, tranche dorée	6	
VII. —	LES BOHÊMES, 20 lithographies — Broché	8	18 fr.
	ÉTUDES D'ANDROGYNES, 10 lithographies. — Broché	4	
	Reliure toile mosaïque, riche plaque, tranche dorée	6	
VIII. —	LES ANGLAIS CHEZ EUX, 20 lithographies. — Broché	8	18 fr.
	MANIÈRE DE VOIR DES VOYAGEURS, 10 lithographies	4	
	Reliure toile mosaïque, riche plaque, tranche dorée	6	
IX. —	LES PROPOS DE THOMAS VIRELOQUE, 20 lithog. — Broché	8	22 fr.
	HISTOIRE D'EN DIRE DEUX, 10 lithographies. — Broché	4	
	LES PETITS MORDENT, 10 lithographies — Broché	4	
	Reliure toile mosaïque, riche plaque, tranche dorée	6	
X. —	LE MANTEAU D'ARLEQUIN, 10 lithographies. — Broché	4	18 fr.
	LA FOIRE AUX AMOURS, 10 lithographies. — Broché	4	
	L'ÉCOLE DES PIERROTS, 10 lithographies. — Broché	4	
	Reliure toile mosaïque, riche plaque, tranche dorée	6	

CE QUI SE FAIT DANS LES MEILLEURES SOCIÉTÉS, 10 lithograph. — Brochés. 4 fr.

MESSIEURS DU FEUILLETON, 9 lithographies . . . . . . 4 fr.

Outre les séries ci-dessus réunies comme reliure, chaque album broché, de 10 lithographies se vend séparément 4 fr.

CHANSONS POPULAIRES DES PROVINCES DE FRANCE

Notice par CHAMPFLEURY, avec accompagnement de piano par J.-B. WEKERLIN. — Illustrations par MM. BIDA, BRAQUEMOND, CATENACCI, COURBET, FAIVRE, FLAMENG, FRANÇAIS, FATH, HANOTEAU, CH. JACQUE, ED. MORIN, M. SAND, STAAL, VILLEVIEILLE.

Un Magnifique volume grand in-4, illustré.—**Prix: 12 fr.**

Les Chansons populaires des Provinces de la France sont divisées en trente livraisons, dont chacune forme un tout complet et contient les chansons d'une province, elles se vendent séparément.

Prix de chaque livraison: 50 centimes.

1re *liv.* PICARDIE. — La Belle est au jardin d'amour. — La Ballade de Jésus-Christ.— Le Bouquet de ma mie.

2e *liv.* FLANDRE. — La Fête de Sainte-Anne. — Le Hareng saur. — Le Messager d'amour.

3e *liv.* ALSACE.— Le Jardin. — Le Diablotin. — La Chanson du hanneton.

4e *liv.* LANGUEDOC. — Romance de Clotilde. — Joli Dragon. — Dans un jardin couvert de fleurs.

5e *liv.* NORMANDIE. — En revenant des noces. — Le Moulin. — Ronde du pays de Caux.

6e *liv.* BOURGOGNE. — J'avais un' ros' nouvelle. — Eho ! Eho ! Eho ! — Voici venu le mois des fleurs.

7e *liv.* BERRY. — — La voila, la jolie coupe. — J'ai demandé-z-à la vieille. — Petit soldat de guerre.

8e *liv.* GUYENNE et GASCOGNE. — Michaut veillait. — La Fille du président. — Dès le matin.

9e *liv.* AUVERGNE. — Bourrées de Chap-des-Beaufort. — Quand Marion s'en va-t-à l'ou. — Bourrée d'Ambert.

10e *liv.* SAINTONGE, ANGOUMOIS et PAYS D'AUNIS. — La Femme du roulier. La petite Rosette. — La Maîtress' du roi céans.

11e *liv.* FRANCHE-COMTÉ. — Au bois rossignolet. — Les trois princesses. — Paysan, donn'-moi ta fille.

12e *liv.* BOURBONNAIS. — Mon père a fait bâtir Château. — Jolie fille de la garde. — Derrièr' chez nous.

13e *liv.* BÉARN. — Belle, quelle souffrance — Pauvre brebis. — Cantique antounat par Jeanne d'Albret.

14e *liv.* POITOU. — Nous somm's venus vous voir. — La v'nu' du mois de mai. — C'est aujourd'hui la foire.

15e *liv.* TOURAINE, MAINE et PERCHE. — La verdi, la verdon. — La Violette.— Su' l'pont du nord.

16e *liv.* NIVERNAIS. — Lorsque j'étais petite. — Quand j'étais vers chez mon père. — J'étions trois capitaines.

17e *liv.* LIMOUSIN et MARCHE. — Pourquoi me faire ainsi la mine ? — Les scieurs de long. — Quoiqu'en Auvergne.

18e *liv.* ANJOU. — Nous sommes trois souverains princes. — La chanson du Rémouleur.—N'y a rien d'aussi charmant.

19e *liv.* DAUPHINÉ.— J'entends chanter ma mie. — La Pernette. — La Fille du général de France.

20e *liv.* BRETAGNE. — A Nant's, à Nant's est arrivé.— Rossignolet des bois. — Ronde des filles de Quimperlé.

21e *liv.* LORRAINE. — J'y ai planté rosier. — Mon père m'envoie-t-à l'herbe. — Le Rosier d'argent.

22e *liv.* LYONNAIS. — Belle, allons nous épromener. — Nous étions dix filles dans un pré. — Pingo les noix.

23e *liv.* ORLÉANAIS. — Les Filles de Cernois. — Le Piocheur de terre. — Les Cloches.

24e *liv.* PROVENCE et COMTAT D'AVIGNON. — Sur la montagne, ma mère. — Sirvente contre Guy. — Bonhomme, bonhomme.

25e *liv.* ILE DE FRANCE. — Germine.— Chanson de l'aveine. — Si le roi m'avait donné.

26e *liv.* ROUSSILLON. — J'ai tant pleuré. — Le changement de garnison. — En revenant de Saint-Alban.

27e *liv.* CHAMPAGNE. — Cécilia. — Sur le bord de l'île. — C'est le jour du gigotiau.

28e et 29e *liv.* PRÉFACE

30e *liv.* TITRE, FRONTISPICE, TABLES et COUVERTURE.

GÉOGRAPHIE NOUVELLE

Par SAGANSAN, Géographe de S. M. l'Empereur et de l'Administration des Postes

---

CARTE DES ÉTATS DE L'EUROPE ET DES PAYS CIRCONVOISINS

Indiquant les Chemins de fer, les principales Routes, les subdivisions des Etats et les Colonies militaires russes. — Deux feuilles grand-monde coloriées. Prix : 10 fr. — Collée sur toile, en étui : 14 fr. — Collée sur toile, à baguettes. Prix : 17 fr.

CARTE DES POSTES DE L'EMPIRE FRANÇAIS

Indiquant : Chemins de fer avec les Stations, Routes, Chemins de grande communication, Canaux, Rivières, Bureaux de poste, Relais avec les distances intermédiaires en chiffres. — Deux feuilles grand-monde. Prix : 6 fr. — Collée sur toile, en étui : 10 fr. — Collée sur toile, à baguettes. Prix : 14 fr.

CARTE DES CHEMINS DE FER
ET AUTRES VOIES DE COMMUNICATION DE L'EMPIRE FRANÇAIS

Adoptée par les Compagnies de chemins de fer et agréée par Son Excellence le maréchal de France ministre de la guerre, pour servir aux transports de la guerre. — Double feuille grand-monde. Prix : 6 fr. — Collée sur toile, en étui : 10 fr. — Collée sur toile, à baguettes. Prix : 14 fr.

PETITE CARTE DES CHEMINS DE FER
ET DES VOIES NAVIGABLES DE L'EMPIRE FRANÇAIS

Prix : 2 fr.

PLAN DE PARIS

Comprenant l'ancien Paris et les communes ou portions de communes annexées. (Loi du 16 juin 1860). — Prix en feuille, avec livret : 4 fr. — Cartonné : 5 fr. — Entoilé, avec étui : 7 fr. — Sur rouleaux : Prix : 11 fr.

CARTE DES CHEMINS DE FER
ET DE LA TÉLÉGRAPHIE ÉLECTRIQUE DE L'EMPIRE FRANÇAIS

Indiquant le nom de toutes les stations et les bureaux télégraphiques avec le prix de chaque dépêche. — Une feuille coloriée. Prix : 2 fr.

L'EUROPE DE 1760 A 1860

Carte figurative et chronologique des acquisitions et mutations territoriales faites par les cinq grandes puissances, et accompagnée d'une légende indiquant la date et l'origine des possessions coloniales. Prix : 1 fr.

MUSÉE LITTÉRAIRE CONTEMPORAIN

CHOIX DES MEILLEURS OUVRAGES DES AUTEURS MODERNES

10 Centimes la Livraison. — Format in-4° à 2 colonnes

ROGER DE BEAUVOIR

		fr.	c.
LE CHEVALIER DE ST-GEORGES.	1 vol.	»	90
LE CHEVALIER DE CHARNY. . .	—	»	90

CHARLES DE BERNARD

		fr.	c.
UN ACTE DE VERTU ET LA PEINE DU TALION.	—	»	50
L'ANNEAU D'ARGENT.	—	»	50
UNE AVENTURE DE MAGISTRAT.	—	»	30
LA CINQUANTAINE.	—	»	50
LA FEMME DE QUARANTE ANS.	—	»	50
LE GENDRE	—	»	50
L'INNOCENCE D'UN FORÇAT. .	—	»	30
LE PERSÉCUTEUR.	—	»	30

CHAMPFLEURY

		fr.	c.
LES GRANDS HOMMES DU RUISSEAU	—	»	60

LA COMTESSE DASH

		fr.	c.
LES GALANTERIES DE LA COUR DE LOUIS XV	—	3	»
LA RÉGENCE.	—	»	90
LA JEUNESSE DE LOUIS XV. .	—	»	90
LES MAITRESSES DU ROI . . .	—	»	90
LE PARC AUX CERFS.	—	»	90

ALEXANDRE DUMAS

		fr.	c.
ACTÉ.	—	»	90
AMAURY.	—	»	90
ANGE PITOU.	—	1	80
ASCANIO.	—	1	50
AVENTURES DE JOHN DAVYS . .	—	1	80
LE BATARD DE MAULÉON . . .	—	2	»
LE CAPITAINE PAUL	—	»	70
LE CAPITAINE RICHARD.	—	»	90
CATHERINE BLUM	—	»	70
CAUSERIES.—LES TROIS DAMES	—	1	30
CÉCILE	—	»	90
CHARLES LE TÉMÉRAIRE . . .	—	1	50
LE CHATEAU D'EPPSTEIN. . . .	—	1	50
LE CHEVALIER D'HARMENTAL.	—	1	50
LE CHEVALIER DE MAISON-ROUGE.	—	1	50
LE COLLIER DE LA REINE . . .	—	2	50
LA COLOMBE. — MURAT. . . .	—	»	50
LES COMPAGNONS DE JÉHU. . .	—	1	80
LE COMTE DE MONTE-CRISTO.	—	4	»
LA COMTESSE DE CHARNY. . . .	—	4	50
LA COMTESSE DE SALISBURY. .	—	1	50
CONSCIENCE L'INNOCENT . . .	—	1	30
LA DAME DE MONSOREAU . . .	—	2	50
LES DEUX DIANE.	—	2	20
LES DRAMES DE LA MER. . . .	—	»	70
LA FEMME AU COLLIER DE VELOURS.	—	»	70
FERNANDE.	—	»	90
UNE FILLE DU RÉGENT	—	»	90
LES FRÈRES CORSES.	—	»	60
GABRIEL LAMBERT.	—	»	70
GAULE ET FRANCE	—	»	90
GEORGES.	—	»	90

ALEXANDRE DUMAS (*Suite*)

		fr.	c.
LA GUERRE DES FEMMES. . . .	—	1	65
L'HOROSCOPE.	—	»	90
IMPRESSIONS DE VOYAGE.			
UNE ANNÉE A FLORENCE . .	1 vol.	»	90
L'ARABIE HEUREUSE	—	2	10
LES BALEINIERS.	—	1	30
LES BORDS DU RHIN	—	1	30
LE CAPITAINE ARÉNA. . . .	—	»	90
LE CORRICOLO	—	1	65
DE PARIS A CADIX.	—	1	65
EN SUISSE.	—	2	20
UN GIL-BLAS EN CALIFORNIE	—	»	70
LE MIDI DE LA FRANCE. . .	—	1	30
QUINZE JOURS AU SINAÏ. . .	—	»	90
LE SPÉRONARE	—	1	50
LE VÉLOCE.	—	1	65
LA VIE AU DÉSERT.	—	1	30
LA VILLA PALMIERI.	—	»	90
INGÉNUE.	—	1	80
ISABEL DE BAVIÈRE	—	1	30
JEANNE LA PUCELLE.	—	»	90
LA JEUNESSE DE Mme DU DEFFAND	—	2	»
LES LOUVES DE MACHECOUL . .	—	2	50
LA MAISON DE GLACE	—	1	50
LE MAITRE D'ARMES.	—	»	90
LES MARIAGES DU PÈRE OLIFUS	—	»	70
LES MÉDICIS	—	»	70
MÉMOIRES DE GARIBALDI. (Complet).	—	1	30
1re *série*. (Séparément). . .	—	»	70
2e *série*. (—). . .	—	»	70
MÉMOIRES D'UN MÉDECIN — JOSEPH BALSAMO —. . .	—	4	»
LES MILLE ET UN FANTÔMES. .	—	»	70
LES MORTS VONT VITE	—	1	50
NOUVELLES	—	»	50
OLYMPE DE CLÈVES	—	2	60
OTHON L'ARCHER	—	»	50
PASCAL BRUNO	—	»	50
LE PASTEUR D'ASHBOURN. . .	—	1	80
PAULINE.	—	»	50
LE PÈRE GIGOGNE.	—	1	50
LE PÈRE LA RUINE.	—	»	90
LES QUARANTE-CINQ	—	2	50
LA REINE MARGOT	—	1	65
LA ROUTE DE VARENNES . . .	—	»	70
EL SALTÉADOR.	—	»	70
SOUVENIRS D'ANTONY	—	»	90
SYLVANDIRE.	—	»	90
LE TESTAMENT DE M. CHAUVELIN.	—	»	70
LES TROIS MOUSQUETAIRES. .	—	1	65
LA TULIPE NOIRE	—	»	90
LE VICOMTE DE BRAGELONNE.	—	4	75
UNE VIE D'ARTISTE	—	»	70
VINGT ANS APRÈS	—	2	20

ALEXANDRE DUMAS FILS

		fr.	c.
CÉSARINE	—	»	50
LA DAME AUX CAMÉLIAS. . . .	—	»	90

PAUL FÉVAL (fr. c.)

UN PAQUET DE LETTRES. . . . — » 50
LE PRIX DE PIGEONS. . . . . . — » 50
LES AMOURS DE PARIS. . . . . 1 vol. 1 50
LE BOSSU OU LE PETIT PARISIEN — 2 50
LE FILS DU DIABLE . . . . . . — 3 »
LES MYSTÈRES DE LONDRES. . — 3 »
LE TUEUR DE TIGRES. . . . . — » 70

THÉOPHILE GAUTIER

CONSTANTINOPLE . . . . — » 90

Mme ÉMILE DE GIRARDIN

MARGUERITE OU DEUX AMOURS — » 90

LÉON GOZLAN

LE MÉDECIN DU PECQ . . . . . — » 90
LES NUITS DU PÈRE-LACHAISE. — » 90

CHARLES HUGO

LA BOHÊME DORÉE. . . . . . — 1 50

ALPHONSE KARR

FORT EN THÈME . . . . — » 70
LA PÉNÉLOPE NORMANDE. . . — » 90
SOUS LES TILLEULS. . . . . . — » 9C

A. DE LAMARTINE

LES CONFIDENCES . . . . . . — » 90
L'ENFANCE. . . . . — » 50
GENEVIÈVE, histoire d'une Servante . . . . — » 70
GRAZIELLA . . . . — » 60
HISTOIRE ET POÉSIE. . . . . . — » 50
LA JEUNESSE . . . . — » 60
RÉGINA. . . . . — » 50
LA VIE DE FAMILLE. . . . . . — » 50

LE DOCTEUR FÉLIX MAYNARD

L'INSURRECTION DE L'INDE — De Delhi à Cawnpore. . . . — » 70

MÉRY

UN ACTE DE DÉSESPOIR . . . . — » 50
LE BONHEUR D'UN MILLIONNAIRE. . . . . — » 50
LE CHATEAU DES TROIS TOURS. — » 70
LE CHATEAU D'UDOLPHE. . . . — » 50
UNE CONSPIRATION AU LOUVRE. — » 70
LE DIAMANT A MILLE FACETTES — » 60
LES NUITS ANGLAISES . . . . . — » 90
LES NUITS ITALIENNES. . . . . — » 90
SIMPLE HISTOIRE . . . . — » 7s

HENRY MURGER

LES AMOURS D'OLIVIER . . . . — » 30
LE BONHOMME JADIS . . . . . — » 30
MADAME OLYMPE. . . . . — » 50
LA MAITRESSE AUX MAINS ROUGES — » 50
LE MANCHON DE FRANCINE . . — » 30
SCÈNES DE LA VIE DE BOHÈME. — » 90
LE SOUPER DES FUNÉRAILLES. — » 50

JULES SANDEAU

SACS ET PARCHEMINS. . . . . . — » 90

EUGÈNE SCRIBE

CARLO BROSCHI. . . . . — » 50
JUDITH OU LA LOGE D'OPÉRA. — » 30
LA MAITRESSE ANONYME. . . . — » 30
PROVERBES . . . . — » 70

ALBÉRIC SECOND (fr. c.)

LA JEUNESSE DORÉE. . . . . . 1 vol. » 50

FRÉDÉRIC SOULIÉ

AU JOUR LE JOUR . . . . — » 70
LES AVENTURES DE SATURNIN FICHET . . . . — 1 30
LE BANANIER . . . . — » 50
LA COMTESSE DE MONRION . . — » 70
CONFESSION GÉNÉRALE. . . . — 1 80
LES DEUX CADAVRES. . . . . . — » 70
LES DRAMES INCONNUS . . . . — 2 50
LA MAISON N° 3, RUE DE PROVENCE. . . . . — » 70
LES AVENTURES D'UN CADET DE FAMILLE. . . . . . . — » 70
LES AMOURS DE VICTOR BONSENNE . . . . — » 70
OLIVIER DUHAMEL. . . . . . — » 70
EULALIE PONTOIS . . . . — » 30
LES FORGERONS. . . . . — » 50
HUIT JOURS AU CHATEAU . . . — » 70
LE LION AMOUREUX. . . . . . — » 30
LA LIONNE. . . . . — » 70
LE MAITRE D'ÉCOLE . . . . . . — » 30
MARGUERITE. . . . . — » 50
LES MÉMOIRES DU DIABLE. . . — 2 »
LES QUATRE NAPOLITAINES . . — 1 30
LES QUATRE SŒURS . . . . . . — » 50
SI JEUNESSE SAVAIT, SI VIEILLESSE POUVAIT . . . . — 1 50
LE VEAU D'OR . . . . — 2 40

ÉMILE SOUVESTRE

DEUX MISÈRES. . . . . — » 90
L'HOMME ET L'ARGENT. . . . . — » 70
JEAN PLEBEAU. . . . . — » 50
PIERRE LANDAIS . . . . — » 50
LES RÉPROUVÉS ET LES ÉLUS. . — 1 50
SOUVENIRS D'UN BAS-BRETON. — 1 50

EUGÈNE SUE

LES SEPT PÉCHÉS CAPITAUX. . — 5 »
L'ORGUEIL. . . . . — 1 50
L'ENVIE . . . . — » 90
LA COLÈRE. . . . . — » 70
LA LUXURE . . . . — » 70
LA PARESSE. . . . . — » 50
L'AVARICE. . . . . — » 50
LA GOURMANDISE. . . . . . . — » 50
LES ENFANTS DE L'AMOUR. . . — » 90
LA BONNE AVENTURE . . . . . — 1 50
GILBERT ET GILBERTE. . . . . — 2 70
LE DIABLE MÉDECIN. . . . . . — 2 70
LA FEMME SÉPARÉE DE CORPS ET DE BIENS. . . — » 90
LA GRANDE DAME . . . . . . — » 50
LA LORETTE. . . . . — » 30
LA FEMME DE LETTRES. . . . — » 90
LA BELLE FILLE. . . . . . . — » 50
LES MÉMOIRES D'UN MARI. . . — 2 70
UN MARIAGE DE CONVENANCES — 1 50
UN MARIAGE D'ARGENT . . . — » 90
UN MARIAGE D'INCLINATION. — » 50
LES SECRETS DE L'OREILLER. . — 2 10
LES FILS DE FAMILLE . . . . . — 2 70

VALOIS DE FORVILLE

LE CONSCRIT DE L'AN VIII. . . — » 90

BROCHURES DIVERSES

fr. c.

ÉMILE AUGIER
DISCOURS DE RÉCEPTION A L'ACADÉMIE FRANÇAISE. . . . . 1 »

LOUIS BLANC
APPEL AUX HONNÊTES GENS. . . . 1 »
LA RÉVOLUTION DE FÉVRIER AU LUXEMBOURG. . . . . 1 »

HENRI BLAZE DE BURY
M. LE COMTE DE CHAMBORD, UN MOIS A VENISE. . . . . 1 »

BONNAL
ABOLITION DU PROLÉTARIAT. . . . 1 »
LA FORCE ET L'IDÉE. . . . . 1 »

G. BOULLAY
RÉORGANISATION ADMINISTRATIVE. 1 »

L. COUTURE
DU GOUVERNEMENT HÉRÉDITAIRE EN FRANCE et des trois partis qui s'y rattachent. 1 50

CHARLES DIDIER
QUESTION SICILIENNE . . . . 1 »
UNE VISITE A M. LE DUC DE BORDEAUX. . . . . 1 »

ERNEST DESJARDINS
NOTICE SUR LE MUSÉE NAPOLÉON III ET PROMENADE DANS LES GALERIES. » 50

DUFAURE
DU DROIT AU TRAVAIL. . . . . . . » 30

ALEXANDRE DUMAS
RÉVÉLATIONS SUR L'ARRESTATION D'ÉMILE THOMAS. . . . . » 50

ADRIEN DUMONT
LES PRINCIPES DE 1789. 1

LÉON FAUCHER
LE CRÉDIT FONCIER. . . . . » 30
DE L'IMPÔT SUR LE REVENU. . . . » 30

ÉMILE DE GIRARDIN
AVANT LA CONSTITUTION. . . . . . » 50
CONQUÊTE ET NATIONALITÉ. . . . . 1 »
LE DÉSARMEMENT EUROPÉEN. . . . 1 »
DÉSARMEMENT ET MATÉRIALISME. . 1 »
L'EMPEREUR NAPOLÉON III ET LA FRANCE. . . . . 1 »
L'EMPIRE AVEC LA LIBERTÉ. . . . 1 »
L'ÉQUILIBRE EUROPÉEN. . . . . . . 1 »
L'EXPROPRIATION ABOLIE PAR LA DETTE FONCIÈRE CONSOLIDÉE . . . 2 »
LA GUERRE. . . . . 1 »
JOURNAL D'UN JOURNALISTE AU SECRET. . . . . 1 »
LE LIBRE VOTE. . . . . 1 »
L'ORNIÈRE DES RÉVOLUTIONS. . . . . 1 »
SOLUTION DE LA QUESTION D'ORIENT. 2 50
UNITÉ DE RENTE ET UNITÉ D'INTÉRÊT. 2 »

GLADSTONE
DEUX LETTRES au Lord Aberdeen sur les poursuites politiques exercées par le gouvernement napolitain. . . . . 1 »

JULES GOUACHE
LES VIOLONS DE M. MARRAST. . . . » 50

fr. c.

LE COMTE D'HAUSSONVILLE
CONSULTATION DE MM. LES BATONNIERS DE L'ORDRE DES AVOCATS. 1 »
LETTRE AUX BATONNIERS DE L'ORDRE DES AVOCATS . . . . 1 »

LÉON HEUZEY
CATALOGUE DE LA MISSION DE MACÉDOINE ET DE THESSALIE. . . . . » 50

LAMARTINE
DU DROIT AU TRAVAIL. . . . . . . » 30
LETTRE AUX DIX DÉPARTEMENTS. . » 30
LA PRÉSIDENCE. . . . . » 30
DU PROJET DE CONSTITUTION. . . . » 30
UNE SEULE CHAMBRE. . . . . » 30

EDOUARD LEMOINE
ABDICATION DU ROI LOUIS-PHILIPPE » 50

JOHN LEMOINNE
AFFAIRES DE ROME. . . . . 1 »

A. LEYMARIE
HISTOIRE D'UNE DEMANDE EN AUTORISATION DE JOURNAL, simple question de propriété. . . . . . 2 »

LE COMTE DE MONTALIVET
LE ROI LOUIS-PHILIPPE ET SA LISTE CIVILE. . . . . » 50

LE BARON DE NERVO
LES FINANCES DE LA FRANCE SOUS LE RÈGNE DE NAPOLÉON III. . . . 1 »

D. NISARD
DISCOURS PRONONCÉ A L'ACADÉMIE FRANÇAISE en réponse au discours de réception de M. Ponsard. . . 1 »

UN PAYSAN CHAMPENOIS
A TIMON, sur son projet de Constitution. . . . . » 50

CASIMIR PÉRIER
LE BUDGET DE 1863 . . . . 1 »
LA RÉFORME FINANCIÈRE DE 1862. 1 »

GEORGES PERROT
CATALOGUE DE LA MISSION D'ASIE MINEURE. . . . . » 50

A. PONROY
LE MARÉCHAL BUGEAUD. . . . . . . 1 »

F. PONSARD
DISCOURS DE RÉCEPTION A L'ACADÉMIE FRANÇAISE. . . . . 1 »

PRÉVOST-PARADOL
DE LA LIBERTÉ DES CULTES EN FRANCE 1 »
DEUX LETTRES SUR LA RÉFORME DU CODE PÉNAL. . . . . 1 »
DU GOUVERNEMENT PARLEMENTAIRE ET DU DÉCRET DU 24 NOVEMBRE. 1 »

ESPRIT PRIVAT
LE DOIGT DE DIEU. . . . . 1 »

ERNEST RENAN
CATALOGUE DES OBJETS PROVENANT DE LA MISSION DE PHÉNICIE. . . . » 50

SAINT-MARC GIRARDIN
DU DÉCRET DU 24 NOVEMBRE OU DE LA RÉFORME DE LA CONSTITUTION DE 1852. . . . . 1 »

GEORGE SAND & V. BORIE
TRAVAILLEURS ET PROPRIÉTAIRES. 1 »

THIERS
DU CRÉDIT FONCIER . . . . » 30
LE DROIT AU TRAVAIL. . . . . » 30

L'UNIVERS ILLUSTRÉ

RECUEIL HEBDOMADAIRE PARAISSANT TOUS LES SAMEDIS

Chaque numéro contient 8 pages format in-folio (4 de texte et 4 de gravures)

PRIX : 20 CENTIMES LE NUMÉRO
ABONNEMENT : UN AN, 10 FR. — SIX MOIS, 6 FR.

— Pour plus de détails, faire demander le prospectus. —

LE JOURNAL DU DIMANCHE

LITTÉRATURE — HISTOIRE — VOYAGES — MUSIQUE

8 vol. sont en vente. Chaque vol. format in-4, orné de 104 gravures. Prix : 3 fr.

LE JOURNAL DU JEUDI

LITTÉRATURE — HISTOIRE — VOYAGES

3 vol. sont en vente. Chaque vol. format in-4, orné de 104 gravures. Prix : 3 fr.

LES BONS ROMANS, Chefs-d'œuvre de la Littérature contemporaine

Par VICTOR HUGO, ALEXANDRE DUMAS, GEORGE SAND, LAMARTINE, ALFRED DE MUSSET, EUGÈNE SUE, FRÉDÉRIC SOULIÉ, ALPHONSE KARR, CH. DE BERNARD, ALEXANDRE DUMAS FILS, HENRY MURGER, HENRI CONSCIENCE, PAUL FÉVAL, ÉMILE SOUVESTRE, etc., etc. — 3 vol. sont en vente. Chaque volume, format in-4, orné de 104 gravures. Prix : 3 fr.

DICTIONNAIRE FRANÇAIS ILLUSTRÉ

ET ENCYCLOPÉDIE UNIVERSELLE

Ouvrage qui peut tenir lieu de tous les vocabulaires et de toutes les encyclopédies

ENRICHI DE 20,000 FIGURES GRAVÉES SUR CUIVRE PAR LES MEILLEURS ARTISTES

Dirigé par **B. DUPINEY DE VOREPIERRE**,
Et rédigé par une Société de Savants et de Gens de lettres

160 livraisons à 50 centimes ; 128 livraisons sont en vente. — Chaque livraison est composée de deux feuilles de texte, et contient la matière d'un volume in-8 ordinaire. — L'ouvrage, composé en caractères entièrement neufs et imprimé sur papier de luxe, formera 2 magnifiques volumes in-4. — Chaque volume aura au moins 1,000 pages.

DICTIONNAIRE DE LA CONVERSATION

ET DE LA LECTURE

INVENTAIRE RAISONNÉ DES NOTIONS GÉNÉRALES LES PLUS INDISPENSABLES A TOUS

PAR

UNE SOCIÉTÉ DE SAVANTS ET DE GENS DE LETTRES

Deuxième Édition

Entièrement refondue, corrigée et augmentée de plusieurs milliers d'articles tous d'actualité.

16 volumes grand in-8°. — 200 francs.

NOUVEAU DICTIONNAIRE UNIVERSEL

DE LA LANGUE FRANÇAISE

Rédigé d'après les travaux et les mémoires des Membres des cinq classes de l'Institut

Par **M. P. POITEVIN**

Auteur du Cours théorique et pratique de langue française adopté par l'Université.

2 forts volumes in-4. — Prix : 40 francs.

PARIS. — IMPRIMERIE DE A. WITTERSHEIM, RUE MONTMORENCY, 8.

www.ingramcontent.com/pod-product-compliance
Ingram Content Group UK Ltd.
Pitfield, Milton Keynes, MK11 3LW, UK
UKHW020604180726
13838UKWH00001B/419